石河子大学“中西部高校综合实力提升工程”应用经济学一级学科建设项目资助

经济管理学术文库·管理类

城乡公共服务均等化实现机理与路径研究

——基于新疆视角

Research on the Implementation Mechanism and Path of Public Service Equalization Between Urban-rural Areas Based on the Perspective in Xinjiang

朱金鹤　崔登峰／著

经济管理出版社
ECONOMY & MANAGEMENT PUBLISHING HOUSE

图书在版编目（CIP）数据

城乡公共服务均等化实现机理与路径研究——基于新疆视角/朱金鹤，崔登峰著．—北京：经济管理出版社，2016.1

ISBN 978－7－5096－4238－2

Ⅰ.①城…　Ⅱ.①朱…　②崔…　Ⅲ.①社会服务—研究—新疆　Ⅳ.①D669.3

中国版本图书馆 CIP 数据核字(2016)第 020691 号

组稿编辑：曹　靖
责任编辑：曹　靖
责任印制：黄章平
责任校对：车立佳

出版发行：经济管理出版社
（北京市海淀区北蜂窝 8 号中雅大厦 A 座 11 层　100038）
网　　址：www.E－mp.com.cn
电　　话：（010）51915602
印　　刷：北京九州迅驰传媒文化有限公司
经　　销：新华书店
开　　本：720mm×1000mm/16
印　　张：10
字　　数：191 千字
版　　次：2016 年 1 月第 1 版　　2016 年 1 月第 1 次印刷
书　　号：ISBN 978－7－5096－4238－2
定　　价：58.00 元

联系地址：北京阜外月坛北小街 2 号
电话：（010）68022974　　邮编：100836

前　言

近年来，由于受特定区位、自然条件和社会环境等因素制约，新疆城乡二元结构显著，农村社会事业和公共服务水平较低，城乡社会事业发展不平衡，新疆的经济发展水平、生产生活条件、公民享受的公共服务水平与发达地区相比差距越来越大。以新疆地区作为研究对象，研究在新的时代背景和新疆特殊因素与制度条件的约束下，结合新疆实际系统深入地研究如何缩小新疆地区不断扩大的城乡公共服务供给差距，实现新疆城乡公共服务均等化供给，探索适合新疆特殊因素制约下的城乡公共服务均等化供给的运行机制和实现路径，有利于形成符合和谐社会建设目标和核心价值取向的各区域大体均衡的利益格局，增强国家凝聚力、向心力和有效控制力，对于切实维护国家的长治久安和边疆的繁荣稳定意义重大，既可为各级政府相关决策提供理论基础和智力支持，也将从国家战略层面为边疆地区的发展、稳定提供一种参照体系。

本研究在运用公共产品理论、公共选择理论、制度创新理论等相关理论基础上，以新疆公共服务均等化的实现机理为主线，对新疆城乡公共服务的实现条件和基础展开实证分析，调查新疆城乡居民基本公共服务供给的优先序与满意度，揭示新疆城乡公共服务均等化的制约因素和外部效应，为构建新疆城乡公共服务均等化的实现机制和路径选择提供政策和理论依据。本研究从政治、经济、社会、区位、生态环境等角度，首先，对新疆推进城乡公共服务均等化的重要战略意义及实现机理进行分析，作为理论基础与立项之本；其次，从基础教育、公共卫生医疗、基础设施、社会保障四方面深入分析新疆城乡公共服务供给现状，测度新疆城乡基本公共服务水平及其差距；再次，剖析了新疆城乡公共服务均等化的实现条件与基础，探究影响新疆公共服务均等化实现的约束条件与制约因素；又次，为更全面把握新疆城乡基本公共服务供给需求，并为供给决策者提供全面有价值的决策参考，对新疆城乡居民基本公共服务供给的优先序与满意度进行问卷调查分析；最后，结合发达国家及地区城乡公共服务均等化的实践及有益经验，探索构建新疆实现城乡公共服务均等化的运行机制，提出实现新疆城乡公共服务均等化的路径选择与制度安排，以期为扭转新疆城乡经济社会发展失衡、城乡居民收入差距逐渐扩大、社会矛盾日渐突出的局面提供理论指导和借鉴。

通过综合运用系统分析法、比较分析法、实证分析与规范分析相结合、定量分析与定性分析相结合等多种研究方法，根据实地调研、问卷调查和统计数据，得出的主要研究结论如下：

第一，在新疆城乡公共服务供给的实现过程中，优劣势并存，完善体制和制度创新等都是一个漫长的过程，也需要政府、社会和城乡居民的配合；城乡非均等化问题对社会和谐、民族团结以及经济发展都造成了一定的影响，因此新疆实现城乡公共服务均等化将是一个艰难与长期的过程。

第二，新疆城乡基本公共服务供给差距较大、公共资源配置不公平问题较为突出。从各类基本公共服务水平与全国的排序来看，新疆基础教育相对水平最高，与全国平均水平比较接近；社会保障次之，基本公共卫生医疗水平再次，公共基础设施相对水平最低。从各类基本公共服务的城乡差距来看，尽管新疆基础教育水平的城乡差距开始有所缩小，但城乡优质基础教育资源非均等化现象较为明显；新疆基本公共卫生医疗水平城乡差距依然较大，2000~2010 年基本公共卫生医疗硬件水平的城乡差距呈收敛趋势，而软件水平的城乡差距则呈扩大趋势；新疆社会保障水平城乡差距大于区域差距，是制约新疆地区社会保障实现均等化的关键因素；新疆农村基本公共服务整体水平显著提高，城乡差距在 2000~2010 年呈先扩大后收敛、整体趋于收敛的态势，但整体上差距依然较大，并且该差距大于区域差距。

第三，新疆城乡公共服务非均等化的制度因素主要表现在基本公共服务供给体制改革滞后、二元结构导致城乡利益分化、行政管理体制不健全、公共财政制度不完善、村级“一事一议”民主决策工作难以有效开展五个方面；新疆城乡公共服务均等化的约束条件主要表现在经济发展水平制约、地方政府财力制约、政府偏好与财政支出结构制约、特殊的地理自然环境及人文环境制约、历史起点低及历史欠账制约等方面。新疆城乡公共服务非均等化的效应体现在对新疆经济与社会协调发展的影响、对构建和谐社会的影响、对边疆安全的影响三方面。制约新疆城乡公共服务均等化的各因素性质与作用迥异：经济发展水平是实现新疆城乡一体化的内在根本制约，地方政府财力是实现新疆城乡一体化的关键动力因素，政府偏好与财政支出结构是实现新疆城乡一体化的核心制约因素，特殊地理自然环境及人文环境因素是实现新疆城乡一体化的重要外在制度性制约因素。

第四，通过从城乡发展水平和城乡协调水平两个层面对新疆城乡一体化展开了动态评价，研究发现：近年来新疆城乡一体化水平逐步提高，但新疆城乡一体化水平总体上处于从城乡初步一体化阶段向城乡中度一体化阶段推进的过渡型发展阶段。在影响新疆城乡一体化的两个一级指标中，城乡发展水平的影响程度远远大于城乡协调水平。由于城乡协调度指数始终徘徊不前，从侧面反映出新疆城乡协调水平较差，导致城乡发展从城乡中度一体化阶段向下一阶段——城乡高度一体化阶段的转变面临瓶颈制约，迫切需要在推进城乡一体化进程中高度重视城乡协调水平的提高。

第五，通过建立评价指标体系研究了新疆政府公共服务供给能力的影响因素，发现政府公共服务供给能力的影响因素主要为经济因素、政治因素、社会因素。其中新疆经济增长对地方政府公共服务供给能力的影响最大，政治因素对于政府公共服务供给能力的影响次之；毕竟在新疆这样一个多民族聚居区域，其宗教传统、民族习性以及历史文化有其自身的特点，社会稳定等因素对政府公共服务供给能力具有一定的影响。此外，新疆城乡公共服务均等化的动力有四类：农村内生性动力——农业产业化与乡村城镇化，城市外生性动力——以工补农、以城促乡，市场机制拉力——城乡经济一体化与要素、市场融合，政府行政机制推力——公共服务与各项制度的城乡融合。

第六，在问卷调查和实地调研基础上，通过加权平均法、首选频次法、聚类分析法等方法，分析了新疆城乡居民基本公共服务满意度及需求优先序：①从公共服务满意度来看，新疆城乡居民对当地基本公共服务总体供给水平基本满意，但满意度不高；从城乡居民满意度水平来看，城市居民整体满意度水平高于农村居民，尤其是在基础教育、基础设施、文化娱乐、环境保护、科技信息服务等方面满意度水平相差较大；新疆农村需求最迫切的基本公共服务是基础教育，其次是公共卫生医疗、社会保障、公共安全和民族团结，其中公共安全和民族团结需求迫切程度高于公共基础设施建设、环境保护，尤其是对于南疆农户需求更为迫切。②从公共服务需求的优先序来看，城乡居民相对偏好“准公共性”、“软”的基本公共服务，城乡居民均将基础教育排在首位，公共安全、公共卫生医疗和社会保障排序较为靠前，民族团结、就业服务、公共基础设施和环境保护的排序处于中间层次，而行政服务、科技服务和公共文化娱乐排序较为靠后。

目　录

第1章 导 论

1.1 选题背景与研究意义

1.1.1 问题的提出

经过近三十年以效率为导向的改革开放，我国经济社会发展迅猛，尤其是近几年，我国 GDP 年均以 10%左右的速度增长。然而，较高的经济增长并未带来国民福利的普遍提高，在巨大成就下潜伏着严峻的危机。其中，经济社会发展不均衡是问题的关键，这种不均衡集中体现在城乡居民收入分配不均等、福利水平差距扩大、城乡公共服务差距显著等方面，从而造成中国半个世纪以来最为严重的社会分化。

综观近年来国家涉农政策，可以发现新一代党和国家领导人倾听广大民众呼声，开始反思片面重视经济增长而忽视社会公平所带来的各种弊端，统筹城乡发展、推进城乡公共服务均等化逐渐成为政府高度关注的问题和实践探索的方向。2002 年 11 月，党的十六大提出在 21 世纪前 20 年全面建设小康社会的奋斗目标，提出“统筹城乡经济社会发展是全面建设小康社会的重大任务之一”；2003 年 10 月，十六届三中全会通过《中共中央关于完善社会主义市场经济体制若干问题的决定》，第一次明确提出“统筹城乡发展、统筹区域发展、统筹经济社会发展、统筹人与自然和谐发展、统筹国内发展和对外开放”的科学发展观，并将“统筹城乡发展”列于“五个统筹”之首；2004 年“中央 1 号文件”强调，要牢固树立科学发展观，按照统筹城乡经济社会发展的要求，尽快扭转城乡居民收入差距不断扩大的趋势；2005 年 10 月，十六届五中全会提出“统筹城乡经济社会发展和大力发展农村公共事业”；2006 年“中央 1 号文件”指出，要在建设社会主义新农村过程中加强农村基础设施建设和加快发展农村社会事业；2006 年 10 月，十六届六中全会提出构建社会主义和谐社会，到 2020 年实现城乡、区域发展差距扩大的趋势逐步扭转，覆盖城乡居民的社会保障体系基本建立；2007 年“中央 1 号文件”提出，加快发展农村社会事业是构建社会主义和谐社会的重要内容。2008 年“中央 1 号文件”的重要内容之一，就是逐步提高农村基本公共服务水平，推进城乡公共服务均等化；2008 年 10 月，十七届三中全会通过《中共中央关于推进农村改革发展若干重大问题的决定》：要始终把着力构建新型工农、城乡关系作为加快推进现代化的重大战略，加快建立健全以工促农、以城带乡的长效机制，调整国民收入分配格局，把国家基础设施建设和社会事业发展重点放在农村，推进城乡基本公共服务均等化，实现城乡、区域经济社会协调发展。十七届三中全会也明确指出：我国总体上已进入以工促农、以城带乡的发展阶段，进入加快改造传统农业、走中国特色农业现代化道路的关键时刻，进入着力破除城乡二元结构、形成城乡经济社会发展一体化新格局的重要时期。“十二五”规划纲要也强调，坚持以人为本、服务为先，履行政府公共服务职责，提高政府保障能力，逐步缩小城乡区域间基本公共服务差距。

随着社会经济的转型，新疆城乡关系深层次矛盾日益突出，失衡的城乡关系已成为制约新疆全面建设小康社会的最大瓶颈，主要表现为城乡二元结构的固化特征非常明显。在收入方面，2004 年城乡居民收入差额为 5 258.49 元，农民人均纯收入仅为城镇居民人均可支配收入的 30%；2010 年，城镇居民人均可支配收入是农民的 2.94 倍，城乡居民收入差额高达 9 001 元，比 2004 年的城乡居民收入差额增加 3 742.51 元；在消费方面，2010 年，农民人均消费额 3 590 元，仅相当于城镇居民人均消费水平的 28.80%；再以城乡居民家庭的转移性收入为参照，考察新疆城乡居民在福利收入上的差距：1990 年和 2004 年，新疆城乡居民人均转移性收入差额分别为 210 元、1 290 元；2010 年，城乡居民人均转移性收入差额为 2 481.14 元，城镇居民转移性收入是农民转移性收入的 8.55 倍，显示出城乡居民在福利收入方面处于极端不合理状态，城乡二元结构特征异常显著。

新疆独特的民族、宗教、文化、历史、人口、地理、资源等状况使得宗教极端势力、民族分裂势力、国际恐怖势力对新疆觊觎已久。“西北定，国家安”就是对边疆安全与国家安全内在关系的历史经验总结。近年来，由于受特定区位、自然条件、历史和社会环境等因素制约，新疆的经济发展水平、生产生活条件、城乡居民享受的公共服务水平与发达地区相比差距较大。当前新疆主要矛盾表现在三方面：一是南北疆之间、城乡之间日益扩大的发展差距；二是城乡居民之间、社会不同阶层之间、不同民族之间日渐扩大的收入差距；三是当前新疆各族人民群众不断增长的公共服务需求与公共服务供给不足之间的矛盾。这三大矛盾

直接或间接都与公共服务非均等化存在某种关联。同时，新疆地域辽阔，人口分散，具有典型绿洲经济社会的特征，基础设施、公共服务对农村经济社会发展的支撑能力较弱，从而使新疆城乡二元差距更加突出。新疆城乡公共资源占有不均主要表现在以下几方面：

（1）教育发展不平衡

城乡在教育资源配置方面差距较大，城乡教育资源分布极不均衡，尤其是直接与农村教育发展密切相关的财力资源——教育经费的分布在城乡之间非常不平衡。2010年，新疆农村普通小学教育经费投入相当于城镇的66.54%，农村普通初中教育经费投入只相当于城镇的53%，农村普通高中教育经费投入仅相当于城镇的3.12%。目前教育投入和教育结构不仅没有成为弥合城乡差别的黏合剂，其所造成的城乡受教育机会的不公平反而成为加剧城乡分化的助推器。

（2）基本公共卫生医疗服务发展不平衡

全区卫生资源主要集中在北疆各大城市，农村特别是南疆偏远地区卫生资源较为匮乏；同时，农村高水平医疗人员稀缺，队伍素质普遍偏低，医疗设备相对短缺。截至2010年底，乡镇卫生院901个，占全区7650个卫生机构的比例仅为11.78%；卫生技术人员1.67万人，占全区12.28万卫生技术人员的比重为13.6%；乡镇卫生院床位数19 886张，占全区床位数的比例仅为17.1%。

（3）社会保障体系不平衡

2004年，新疆城市养老保险基本实现了全覆盖，而农村只有局部地区实行社区养老金制度；在城乡最低生活保障方面，2010年城镇有85.13万人获得最低生活保障，农村只有不到11%的农民能享受到传统的五保供养制度。

（4）城乡基础设施差距显著

农村交通闭塞，电网老旧，饮水困难，水利设施老化失修，服务功能退化，基础设施建设整体较为薄弱。2007年新疆农村饮水安全达标人口565.01万人，占农民人数的比重为44.32%，比城镇饮水安全达标率低54.78个百分点。2010年新疆农村饮水安全达标人口651.91万人，占新疆农民人数的比重为50.1%。2010年，农民人均农业机械总动力只有1.26千瓦，每百名农民拥有的农用大中型拖拉机仅1.95台，农民人均用电量（包括生产和生活用电）494.06千瓦时，仅相当于城镇居民人均用电量的10.13%。2010年，新疆全社会固定资产投资总额3 539.69亿元，其中城镇固定资产投资所占比重高达89.89%；农村固定资产投资所占比重仅为10.11%；城镇居民人均固定资产投资36 150元，是农民人均固定资产投资的13.14倍①。

① 数据来源：2008~2011年《新疆统计年鉴》。

维护新疆的稳定与安全，从短期看，主要是对危害新疆安全的“三股势力”实施强有力打压；从中长期看，主要依靠经济发展和社会进步，推进公共服务均等化进程，实现边疆各族人民共同富裕，最大限度提升新疆各族人民对祖国的向心力，最大限度铲除“三股势力”滋生的土壤，才能显著增强各族人民维护边疆安全、共同建设边疆的凝聚力。2009 年 8 月底，胡锦涛总书记在新疆维吾尔自治区干部大会上发表重要讲话，强调“坚持一手抓改革发展、一手抓团结稳定”，加快建设繁荣富裕的和谐社会主义新疆，大力实施稳疆兴疆、富民固边战略，大力发展社会事业，着力保障和改善民生。从上述新疆城乡公共资源占有不均四个主要表现的分析可知，新疆城乡二元结构显著，农村社会事业和公共服务水平较低，城乡社会事业发展不平衡。因此，以新疆作为研究对象，研究在经济发展相对落后、地方政府收入相对较低等条件约束下，新疆在特殊因素与制度条件的约束下如何缩小与发达地区不断扩大的公共服务水平差距，探索公共服务均等化的实现机理及路径，对于加快建立以工促农、以城带乡的长效机制、协调区域发展、缩小城乡居民收入差距，维护边疆稳定与民族团结、推进新疆实现跨越式发展与长治久安，以及构建社会主义和谐社会都显得非常重要。

1.1.2 研究意义

研究受特定区位、自然条件、经济社会等因素制约的新疆地区实现城乡公共服务均等化，是政府关注民生、重视民生、保障民生、改善民生的重大战略举措，其研究意义主要体现为以下几点：

（1）新疆城乡公共服务均等化有利于促进新疆地区民族团结、维护边疆安定

公共服务均等化是以人为本理念的具体体现，对促进社会公正、维护社会稳定和国家统一均具有重要的政治意义；实现公共服务均等化既是缩小地区差距、城乡差距的基本条件，也是缓减城乡贫富差距的重要因素。新疆作为少数民族聚集区域，与多国接壤，肩负保障国土安全重任。但由于地理位置偏远、生态环境脆弱、自然条件恶劣、生产条件艰苦、生活环境恶劣，经济社会发展很不平衡，公共服务水平与层次均差强人意。在此背景下，着力改善新疆的民生、推进公共服务均等化，通过帮助这些落后地区改善经济与公共服务状况，不仅是切实贯彻稳疆兴疆、富民固边战略的重要举措，也有助于削弱和化解境内外三股势力对新疆的渗透和破坏活动，切实增强国家凝聚力，维护新疆的长治久安和繁荣稳定。

（2）新疆城乡公共服务均等化是实现新疆经济与社会协调发展的需要

新疆与东部沿海等发达地区存在人口、经济、资源环境发展不协调的空间失衡问题，新疆内部还存在南北疆经济、社会发展不平衡等问题。当前新疆各族人民不断增长的公共服务需求与严重不足的公共服务供给之间的矛盾已经成为制约新疆经济、社会协调发展的突出矛盾。而实现城乡公共服务均等化有利于提高公共财政资源的使用效率，刺激消费需求，促进经济持续健康发展；也有利于人才、资本等生产要素和产业按照市场规律在区域间流动，优化资源配置，从而缩小新疆与东部发达地区之间、南北疆之间的发展差距，促进新疆经济与社会协调发展。

（3）新疆城乡公共服务均等化是新疆全面建设小康社会和社会主义新农村的需要

建设社会主义新农村，形成城乡经济社会发展一体化新格局，必须扩大公共财政覆盖农村范围，发展农村公共事业，使广大农民学有所教、劳有所得、病有所医、老有所养、住有所居。与内地相比，新疆城乡居民生产、生活条件较为艰苦，享受的公共服务水平较低，实现全面小康社会和社会主义新农村的压力较大，研究新疆特定区位、自然条件、资源环境、经济社会等因素，创新新疆城乡公共服务均等化的实现路径，有助于缩小新疆城乡居民收入差距和公共服务水平差距，为全面建设小康社会和社会主义新农村夯实基础。

（4）新疆城乡公共服务均等化是实现新疆城乡统筹和构建社会主义和谐社会的需要

要实现新疆城乡统筹发展，就必然要缓解城乡矛盾、缩小城乡差距，城乡公共服务的供给则成为最重要的考量指标。不公正的城乡二元公共服务供给制度和农村公共服务供给上的失衡与短缺，使城乡收入差距持续扩大，城乡社会、经济发展的鸿沟有扩大趋势，从而有必要通过纠正不合理的制度环境的约束和初始条件的限制，逐步实现新疆城乡公共服务均等化，实现公共服务资源在城乡之间的基本均衡分配，最终实现城乡经济的协调发展与和谐社会。

1.2 国内外研究评述

1.2.1 公共服务均等化的相关研究

（1）国外相关研究

国外对于公共服务均等化的研究零散见于对公共产品的相关研究之中。最早论述公共服务均等化供给问题的是亚当·斯密（1776），提出并分析了公共服务的公平性问题，认为公平地供给公共服务是国家的义务与职责。新制度经济学家罗纳德·H. 科斯（1960）从产权角度，第一次清晰地提出了解决公共服务投资和经营方面的思路。萨缪尔森（1954）对政府三个职能中平等职能的阐述蕴含着公共服务均等化的朴素思想。蒂伯特（Tiebout，1956）提出了一个关于地方政府提供地方性公共服务的理论模型，并引入竞争机制，认为人们会选择公共服务最能满足他们意愿而税收又最合理的辖区去居住，这个均衡模型对于探索解决公共服务供给不均等、提高公共服务供给效率大有裨益。托宾（Tobin，1970）的“特定平均主义”理论认为，一些稀缺性的公共服务应当与支付它们的能力一起实现平均分配；完全通过私人或竞争的方式提供公共服务，将导致低效率的生产组织方式；市场经济中等价交换准则决定了政府为市场提供的服务必须是“一视同仁”的，即要实现公共服务的均等化供给。汉斯·范登·德尔、本·范·韦尔瑟芬（1999）；Janos Kornai、Karen Eggleston（2003）从福利经济学的角度研究公共服务问题，间接表露了公共服务均等化的思想。Grout 和 Stevens（2003）认为政府供给公共服务不仅要考虑效率问题，更要考虑社会公平问题。Monisilan（2006）认为，政府提供公共服务和财政转移支付的层面越高，支持力度就越大。特里奇（Rich W. Tresch，1981）通过运用数理模型从理论上提出这样一个问题，即由于中央政府比地方政府更加远离居民，错误的消费偏好判断会导致政府提供的公共服务数量偏离最优。此外，也有学者对国外公共服务均等化的实践进行了研究。日本学者井崛利宏赞成在总体上压缩政府规模，实行公共服务供给的市场化。Rosenfeld 认为，德国通过以公共服务为重点的财政转移支付，基本上实现了公共服务的均等化。Borins（1983）认为加拿大实施均等的财政转移支付促进了全国公共服务的均等化，Carney（2002）和 Nagel（2006）分别对澳大利亚、美国的公共服务均等化问题进行了研究，Hart（2004）、Borins（2005）和 Monisilan（2006）对国外公共服务均等化的制度保障展开研究。通过一些国家的具体实践，遵循公平与效率兼顾原则的公共服务均等化按照“效率目标优先”还是“公平目标优先”的战略，可分为以美国和法国为代表的“最低保障与兼顾效率型”，以英国和北欧国家为代表的“全面公平型”，以新加坡和智利为代表的“效率主导型”，各个国家需要根据不同的发展水平实施不同的战略重点。

（2）国内相关研究

公共服务均等化指政府为社会公众提供基本的、在不同阶段具有不同标准的、最终大致均等的公共产品和服务。目前，学术界从不同学科、角度和层面，围绕基本公共服务均等化提出的背景、均等化的内涵与理论基础、基本公共服务均等化的主要范围、均等化的度量方法、实现均等化的主要途径等方面取得了不少有价值的研究成果。

在公共服务均等化的内涵与概念界定方面，大部分观点认为均等化并非完全平均，而是一个相对的概念（李华，2007；唐钧，2007；龚金保，2008；徐理结，2008；钱凯，2009；曹杰，2009 等），但在具体界定上存在不同看法。于吉、方栓喜（2008）将公共服务均等化看作分层次、分阶段的动态过程，成熟的公共服务均等化表现为不同区域、城乡之间、居民之间享受的公共服务水平一致；常修泽（2007）认为公共服务均等化具有机会均等、结果均等、公民享有自由选择权的内涵。综合各方观点，本研究认为公共服务均等化是指政府及其公共财政为不同利益集团、不同经济成分或不同社会阶层，在不同阶段提供不同标准的、最终大致均等的公共产品和服务，旨在逐步缩小不同区域之间、不同群体之间的公共服务差距，促进社会公平。

对于公共服务均等化的范围与内容，比较有代表性的观点如下：一是包括公共服务供给收益分享、成本分担、财力均衡等方面的内容（江明融，2006；蔡跃洲，2006）；二是包括基本民生性服务、公共事业性服务、公益基础性服务和公共安全性服务四项内容（邱霈恩，2007；贾康，2007）；三是包括底线生存服务、公众发展服务、基本环境服务和公共安全服务方面的内容（陈海威，2008；柏良泽，2008）；四是包括人均财力的均等化、公共服务均等化和基本公共服务最低公平（马国贤，2009）。

从公共服务供给不均衡的成因来看，林万龙（2006）、刘鸿渊（2007）、王丽娅（2008）、党国英（2008）、辛鸣（2009）等学者比较关注宏观制度层面的原因，特别是城乡二元经济结构。刘乐山、何炼成（2006）和牟发兵（2007）将原因具体化为城乡利益格局的固化和长期城市偏向型的公共产品供给制度。丁元竹（2007）、安体富（2008）、解垩和任强等（2007）认为基本公共服务均等化的现状与问题主要集中在三个方面：基本公共服务非均等化现象普遍存在；各级政府间的事权与财权关系划分不清，基层政府财政相当困难；公共服务型政府仍未建立，转移支付制度总体设计存在缺陷，公共财政制度尚不完善。此外，还有其他几种观点：一是认为原因在于公共服务的自身特性（肖建华，2008）；公共产品的效率半径、外溢性与行政区划间的矛盾以及公共产品的非排斥性、非竞争性特征的可变性导致公共产品不能均等、有效地供给。二是认为原因在于经济发展实力、政府财力和公共财政的制度安排（刘金程，2008）。三是将中国地区间公共服务非均等化原因归结为地区间经济发展水平和自身财政能力的差距（郭琪，2008）。四是认为城乡公共服务非均等化主要源于长期实行的城市偏向型的公共服务供给制度（江明融，2008），或源于技术、政府间关系与城乡体制（丁元竹，2009）。

在公共服务非均等化的现状与效应研究方面，《中国公共服务发展报告

(2006)》将当前公共服务的整体特征评价为“总体水平偏低、发展不平衡、效率低、水平趋同”。多数学者也认为我国公共服务供给存在城乡、区域及不同群体之间的非均衡性，城市公共服务水平高于农村，东部的公共服务水平高于中、西部地区（李云贵，2006；张恒龙，2007 等）。项继权（2008）、张玉玲（2009）通过大量数据对比与指标测算均得出公共服务城乡差距悬殊的结论。安体富（2008）和薛元（2009）等学者通过不同的评价指标得出大体一致的结论，即公共服务在地区间存在较明显的不均等现象。

对于公共服务均等化的衡量指标，国内学者主要从财政均等化程度和公共服务水平两方面进行设计（金国强，2007；杨团，2008；郭宏宝，2008；钟振强，2008；田志友，2009；郭琪，2009；汪宏，2009 等），前者间接反映公共服务均等化程度，后者直接反映公共服务均等化程度。贾康（2007）将初级、中级和高级阶段的目标分别确定为公共服务的区域均等化、城乡均等化和全民均等化。此外，陈昌盛、蔡跃洲（2008）认为在确定衡量指标时，应首先遵循阿马蒂亚·森的“基本能力平等说”，其次是罗尔斯和大卫·米勒两者混合的“资源平等说”，最后是“实质机会平等说”。

对于实现公共服务均等化的制度安排与政策选择，多数学者重点关注城乡公共服务均等化（匡远配、汪三贵，2006；辛鸣，2007；宋迎法，2007；刘尚希，2007；纪玉山，2008；常修泽，2008；周明海，2009 等），对于区域间公共服务均等化的研究相对较少，主要有以下几种观点：一是认为有效的转移支付制度和从实质上调整利益分配格局是实现公共服务均等化的关键（刘铭达，2007；金人庆，2008）；二是寄望于财政体制改革、调整财政收支结构和建设公共服务型政府（潘盛洲，2007）；三是从收入途径、支出途径和政治途径三方面实现公共服务均等化（刘国军，2007）；四是完善促进公共服务均等化的公共财政制度，构建公共服务的多元供给机制和实行城乡统筹的供给制度（肖海鹏，2008）；五是实现中央地方关系从“以经济总量为导向”向“以基本公共服务均等化为导向”转变，使有限的公共资源在中央地方之间实现优化配置（迟福林、方栓喜、匡贤明，2008）。

1.2.2 研究评述

学界从不同的学科、角度和层面，围绕公共服务均等化的内涵、范围与内容、现状与成因、衡量指标、实现途径等方面取得了不少有价值的研究成果。但由于目前关于公共服务均等化的研究还处于探索阶段，受客观条件与思维方式等因素的限制，有关公共服务均等化的成熟理论体系尚未真正建立，主要表现在以下几方面：一是对公共服务均等化的系统性研究、原创性和新颖性的研究成果较为少见，缺乏对基本公共服务均等化的基础理论研究；二是对基本公共服务均等化相关概念的分歧较大，在公共服务均等化的度量、理论支撑、现实矛盾与问题剖析、体系构建与制度保障等方面有实质性的深度研究较少；三是在实践探索方面，既缺少与相关实证研究相结合的著作，也未形成达成一定范围内共识的研究范式；四是从研究视角来看，关注城乡之间公共服务均等化问题的学者较多，而研究区域之间公共服务均等化问题的学者较少。因此，以上领域的研究不足恰恰为本研究开拓创新提供了机遇和可能。

1.3 研究方法与研究思路

1.3.1 研究方法

（1）系统分析方法

城乡公共服务供给内容丰富，范围广泛，同时又受到经济、制度、社会文化、技术等多种因素的直接或间接影响，其供给过程充满了公共利益与私人利益的协调与背离；城乡公共服务均等化供给是一个连续、复杂、动态的决策与作用过程，是一个由相互作用和相互依赖的多种要素组成的复杂系统。运用系统分析方法能够从整体角度研究和把握新疆城乡公共服务非均衡供给存在的相关问题和制约因素，有助于将新疆城乡公共服务供给制度创新与国家的宏观政策、方针、法律法规相结合，以期得出科学合理的结论。

（2）实证分析与规范分析相结合的方法

研究中对新疆城乡公共服务非平衡供给的现状与制约因素的分析属于实证分析，在论述中列举许多实例，并参阅大量的文献资料、引用统计数据和进行实地调查。而在此基础上应用公共产品理论和福利经济学的基本理论构建适合新疆城乡公共服务均等化供给的基本模式与制度安排则属于规范分析。

（3）定量分析与定性分析相结合的方法

运用统计学与计量经济学的方法对数据资料进行定量分析，以探究新疆城乡公共服务非均衡供给的现状与供给效应；同时也结合各种理论强化对城乡公共服务均等化供给的认知和理解，对相关问题作出定性的分析和判断。

(4) 问卷调查与实地访谈法

通过对新疆城乡居民基本公共服务具体内容重要性、满意度、优先序进行问卷调查和访谈，从微观角度深入剖析了新疆基本公共服务的供给现状和供给优先序，为政府有效供给基本公共服务提供实证基础；通过综合运用首选决定法、加权频数法和聚类分析法对覆盖新疆各行政区划的城乡居民基本公共服务需求优先序问卷调查数据进行分析，探索符合新疆城乡居民真实需求的基本公共服务优先序。

(5) 比较分析方法

通过对新疆城乡之间公共服务供给状况进行纵向和横向比较，分析公共服务城乡二元供给制度的危害和后果，探寻影响新疆城乡公共服务均等化供给的约束因素与制度条件；在研究教育、医疗、基础设施、社会保障等公共服务现状和新疆政府公共服务供给能力时，与全国平均水平以及东、西部地区进行了比较分析。

1.3.2 研究思路

本研究在运用公共产品理论、公平正义理论、公共选择理论、福利经济理论等相关理论的基础上，对国内外边疆安全与公共服务均等化相关研究进行梳理。从政治、经济、社会、区位、生态环境和国防安全等角度，首先，对新疆推进城乡公共服务均等化的重要战略意义及公共服务均等化的实现机理进行分析，作为理论基础与立项之本；其次，从基础教育、公共卫生医疗、基础设施、社会保障四方面深入分析新疆城乡公共服务供给现状，测度新疆城乡基本公共服务水平及其差距；再次，剖析了新疆城乡公共服务均等化的实现条件与基础，探究影响新疆公共服务均等化实现的约束条件与制约因素；又次，为更全面把握新疆城乡基本公共服务供给水平，为供给决策者提供全面有价值的决策参考，分析了新疆城乡居民基本公共服务供给的优先序与满意度；最后，结合发达国家（地区）城乡公共服务均等化的实践及有益经验，探索新疆实现城乡公共服务均等化的运行机制，提出新疆实现城乡公共服务均等化的路径选择与制度安排，以期为扭转新疆城乡经济社会发展失衡、城乡居民收入差距逐渐扩大、社会矛盾日渐突出的局面提供理论指导和经验借鉴。

1.4 主要研究内容与拟解决的关键问题

1.4.1 主要研究内容

本研究共分 8 章内容，除第 1 章导论外，其他各章内容如下：

第 2 章，公共服务均等化：概念界定与理论基础。详细阐述城乡公共服务均等化的相关概念与理论基础。

第 3 章，新疆城乡公共服务供给现状分析。主要从城乡基础教育、基本公共卫生医疗、基础设施建设、社会保障制度几方面展开对比分析。

第 4 章，新疆城乡基本公共服务水平及其差距测度。主要对含新疆在内的西部六省城乡基础教育、基本公共卫生医疗、基础设施建设、社会保障的水平与城乡差距进行比较与测度。

第 5 章，新疆城乡公共服务均等化：制约因素与效应分析。在分析新疆城乡公共服务均等化的制度因素与约束条件的基础上，探究了新疆城乡公共服务非均等化对新疆经济、社会协调发展、构建和谐社会的影响。

第 6 章，新疆城乡公共服务均等化：动力与实现能力测评。深入分析了新疆城乡公共服务均等化的实现条件和基础，剖析了新疆城乡公共服务均等化的四种动力，对新疆城乡一体化进程展开测评，进而对新疆政府供给城乡公共服务的能力进行评价。

第 7 章，新疆城乡居民基本公共服务满意度与优先序调查。主要围绕新疆城乡居民基本公共服务满意度及差异、城乡居民基本公共服务需求优先序及差异展开，旨在更全面把握新疆基本公共服务供给需求，为供给决策者提供全面有价值的决策参考。

第 8 章，新疆城乡公共服务均等化的实现机制和路径选择。在借鉴发达国家及地区城乡公共服务均等化实践经验的基础上，结合新疆目前面临的政策环境和实际区情，完善新疆城乡公共服务均等化的运行机制，优化新疆城乡公共服务均等化的制度设计，探讨新疆城乡公共服务均等化的多元供给模式的构建。

1.4.2 拟解决的关键问题

(1) 找出影响新疆城乡公共服务均等化实现的约束条件与制约因素

对新疆城乡公共服务均等化实现的约束条件与制约因素的研究，不仅影响到新疆与发达地区公共服务非均等化供给的现状与效应，还直接决定着能否建立科学的、符合新疆具体特点的公共服务均等化的衡量指标和评价体系，因此是本研究的关键。

（2）探究新疆城乡公共服务均等化的实现机理

公共服务均等化问题涉及福利经济学、公共财政学、社会学、政治学和伦理学等多个学科领域，具有多学科交叉的特点；新疆城乡公共服务均等化的实现机制中关于如何妥善解决区域间财力均衡配置问题、公共服务均等化的供给权责划分与供给成本的合理分摊等问题具有较大的研究难度，而构建新疆与东部、中部区域实现全面、多层次的综合衔接的公共服务均等化体系也具有高度挑战性。

（3）运行机制构建与政策保障问题

研究新疆在特定约束条件与制约因素作用下实现公共服务均等化的制度设计、模式构建与政策选择，也是本研究的重点与难点。

1.5 主要创新及建树

（1）理论新颖性

基于城乡差距视角对新疆城乡公共服务供给进行数据翔实的定量分析和系统研究，找出影响实现新疆城乡公共服务均等化的约束条件和制度因素，具有一定理论新颖性。

（2）实践创新性

在新的时代背景下，结合十七届三中全会公报、2007 年“中央 32 号文件”《国务院关于进一步促进新疆经济社会发展的若干意见》相关内容和新疆实际，系统深入地研究新疆城乡公共服务均等化问题，探索适合新疆特殊因素制约下的城乡公共服务均等化供给的运行机制和实现路径，具有实践新颖性。

（3）研究方法有所创新

综合运用首选决定法、加权频数法和系统聚类分析法三种互补方法研究新疆城乡居民基本公共服务满意度及需求优先序，根据共性结果得出有益结论，具有较强的说服力和客观性。

（4）相关研究结果具有一定的创新性

①将新疆城乡公共服务均等化的动力归纳为四类：农村内生性动力——农业产业化与乡村城镇化，城市外生性动力——以工补农以城促乡，市场机制拉力——城乡经济一体化与要素、市场融合，政府行政机制推力——公共服务与各

项制度的城乡融合。②通过建立评价指标体系研究新疆政府公共服务供给能力的影响因素，发现政府公共服务供给能力的影响因素主要有经济因素、政治因素、社会因素。其中经济因素对地方政府公共服务供给能力的影响最大，政治因素对于政府公共服务供给能力的影响次之。③从公共服务满意度来看，新疆城乡居民对当地基本公共服务总体供给水平基本满意，但满意度并不高；城市居民整体满意度水平高于农民，尤其是在基础教育、基础设施、文化娱乐、环境保护、科技信息服务等方面满意度值相差较大；新疆农村需求最迫切的基本公共服务是基础教育，其次是公共卫生医疗、社会保障、公共安全和民族团结，其中公共安全和民族团结需求迫切程度高于公共基础设施建设、环境保护，尤其是对于南疆农户需求更为迫切。从公共服务需求的优先序来看，城乡居民均将基础教育排在首位，公共安全、公共卫生医疗和社会保障排序较为靠前，民族团结、就业服务、公共基础设施和环境保护被排在中间层次，而将行政服务、科技服务和公共文化娱乐排在较为靠后位置。

第2章　公共服务均等化：概念界定与理论基础

2.1　公共服务的相关概念界定

2.1.1　公共服务的内涵

公共服务是21世纪公共行政和政府改革的核心理念，包括加强城乡公共设施建设，发展教育、科技、文化、卫生、体育等公共事业，为社会公众参与社会经济、政治、文化活动等提供保障。公共服务伴随着公共产品的概念演变而来，一方面是伴随着公共经济学逐步发展，另一方面是随着福利国家时代的到来，政府直接从事公共产品生产或者通过政府干预刺激经济快速增长、促进就业，成了一种主导性选择，从而导致目前研究公共服务的主流路径是通过公共产品的规定性界定公共服务的规定性。目前，学者们分别从物品、价值、内容、利益、主体和职能等方面来解释公共服务概念及其内涵。本研究比较倾向于价值解释法和利益解释法，但价值解释法最终的定义仍然未能摆脱“公共产品排除性假定”的限制；而关于利益解释法，学术界一直在关于何为“公共利益”的问题上未能达成一致。结合这两种观点，本研究将公共服务的内涵界定为：政府及其公共部门运用公共权力，通过多种机制和方式的灵活运用，以提供各种物质形态或非物质形态的公共产品为载体，达成维护公共利益目标的公共行为的总称。

2.1.2　公共服务均等化的内涵

公共服务均等化指一国范围内的所有公民，都能够享用政府提供的水平相当的基础教育、公共卫生医疗、社会保障等基本公共服务。均等化并不是平均化，而是在最基本的公共服务方面有统一的制度安排，将公共服务的差距控制在可接受的范围内。另外实现基本公共服务均等化是一个渐进的过程，基本公共服务的供给必须有所侧重，在保证全体社会成员基本健康和生存的前提下，需要更加关注弱势群体。因此必须从实际国情出发建立基本公共服务供给制度，在保证制度公平的前提下低起点、广覆盖。基本公共服务均等化包含两方面的内容：一是范围上指那些尚未达到均等化供给状态或尚未达到社会均等化受益程度的基本公共服务项目，如何实现公共服务均等化；二是公共服务均等化目标是一个复合性的目标体系，涉及政府公共服务的财力均等化、政府供给公共服务的能力均等化、政府供给公共服务的结果均等化、社会成员从政府供给的公共服务中获得的受益程度均等化等多重含义。

2.1.3　城乡公共服务均等化的内涵

在对公共服务均等化内涵理解的基础上，城乡公共服务均等化的概念是指政府在公共服务及公共服务的供给过程中，强调城乡间公共服务资源供给、配置的均等化；注重农民平等享有国家公共服务的权力，缩小城乡公共服务差异，促进社会和谐发展。

2.2　实现城乡公共服务均等化的原则与内容

2.2.1　实现城乡公共服务均等化的原则

根据公共服务的性质、新疆经济发展水平的特点和城乡特点，当前新疆实现城乡公共服务均等化的原则如下：

第一，必须紧紧围绕新疆发展和稳定的大局。发展是新疆工作的主题，稳定是新疆的大局。实现城乡公共服务均等化，要按照“保增长、保民生、保稳定”的要求，紧密联系实际，总揽全局、科学规划、统筹兼顾。安排财政支出要立足新疆财力不足的基本区情，首先保证政府机构基本运转、机关事业单位工资正常发放，在此基础上公共支出向基本公共服务倾斜。既要着力解决一些迫切的民生问题，又要积极谋划经济社会的长远发展，妥善处理好发展经济和推进公共服务均等化的关系。在决策涉及群众切身利益的基本公共服务问题时，务必谨慎小心，全面考虑决策后果，不能只想到正面效应，更要想到负面效应，防止因决策的粗枝大叶、盲目决策引发不良后果，努力做到好事办实、实事办好。

第二，低水平和广覆盖原则。新疆农村公共服务水平较低的状况是长期形成的历史遗留问题。实现城乡公共服务均等化需要一个较长过程，不可能一蹴而就。在这个过程中，既要考虑“应该做什么”，还要考虑“能够做什么”。应从新疆实际出发，按照现有公共财力和供给能力，有重点、分步骤地持续推进。新疆城乡公共服务的均等化坚持低水平和广覆盖原则，即首先侧重于不断增加农村公共服务的总量，实现基本公共服务的广覆盖，然后使各地区、各城乡之间的公共服务水平逐步接近，最终实现全民公共服务均等化。

第三，必须坚持以人为本，从解决人民群众最直接、最关心、最现实的问题入手。实现新疆城乡公共服务均等化，要深入基层，深入群众，将人民群众的意愿和要求作为新疆城乡公共服务均等化决策的基本依据，将群众生存发展和生产生活中最紧迫的困难和问题优先列入基本公共服务范畴。就当前新疆实际情况看，要重点从教育、就业、基本医疗、社会保障、住房、扶贫等方面的基本公共服务做起，重点向弱势群体、困难群众倾斜。

第四，必须坚持以新疆维吾尔自治区投入为主导的原则。近年来，新疆各地州以矿产资源开发为重点，积极推进新型工业化和农业产业化进程，财政收入有较快增长。然而客观地看，新疆新型工业化虽然发展势头良好，但总体还处于初级阶段；除乌鲁木齐、克拉玛依等少数地州市外，新疆大部分地州经济发展水平比较落后，经济规模小，地方财政收入较少。许多地州市在上级补助的情况下，仅能维持机构正常运转和人员工资的正常发放，这种财政困难、财力紧张的状况短期内可能难以缓解。从目前新疆可支配的财力看，财政支出的60%靠中央补助，而中央补助的分配权掌握在自治区级政府。在此背景下，必须由自治区主导以争取中央转移支付补助，统一调配财力，推进新疆城乡公共服务均等化。

2.2.2 实现城乡公共服务均等化的内容

国家基本公共服务体系“十二五”规划中指出了基本公共服务的范围，一般包括保障基本民生需求的教育、就业、社会保障、基本公共卫生医疗、计划生育、住房保障、文化体育等领域的公共服务，广义上还包括与人民生活环境紧密关联的交通、通信、公用设施、环境保护等领域的公共服务，以及保障安全需要的公共安全、消费安全和国防安全等领域的公共服务。根据“十二五”规划纲要，为突出体现“学有所教、劳有所得、病有所医、老有所养、住有所居”的

要求，国家基本公共服务体系“十二五”规划又进一步将范围确定为公共教育、劳动就业服务、社会保障、基本社会服务、基本公共卫生医疗、人口计生、住房保障、公共文化领域等基本公共服务。结合国家基本公共服务体系“十二五”规划和新疆“十二五”规划中关于改善民生的重点内容以及新疆区情，本研究认为新疆城乡公共服务均等化的内容应该为组织政务和管理服务、公共教育、劳动就业、社会保障、基本公共卫生医疗、基础设施和住房保障的城乡均等化。

国家基本公共服务体系“十二五”规划中明确规定了“十二五”时期各项基本公共服务的供给内容、重点任务和供给标准，各地区根据本地实际情况酌情调整。政府供给如下的基本公共服务：

在基本公共教育方面，为适龄儿童、少年提供免费九年义务教育，为农村义务教育阶段寄宿生提供免费住宿，并为家庭经济困难的寄宿生提供生活补助；为贫困地区农村义务教育学生实施营养改善计划；为农村学生、城镇家庭经济困难学生和涉农专业学生提供免费中等职业教育；为家庭经济困难学生接受普通高中教育提供资助；为家庭经济困难儿童、孤儿和残疾儿童接受学前教育提供资助。

在劳动就业公共服务方面，为全体劳动者免费提供就业信息、就业政策咨询、职业指导和职业介绍、就业失业登记等服务；为就业困难人员和零就业家庭提供就业援助；为失业人员、农民工、残疾人、新成长劳动力等提供职业技能培训和技能鉴定补贴；为全体劳动者免费提供劳动关系协调、劳动人事争议调解仲裁和劳动保障监察、执法维权等服务。

在社会保险方面，职工享有职工基本养老保险，农民享有新型农村社会养老保险，城镇居民享有城镇居民社会养老保险；职工享有职工基本医疗保险，农民享有新型农村合作医疗，城镇居民享有城镇居民基本医疗保险；职工享有失业保险、工伤保险和生育保险。

在基本社会服务方面，为城乡困难群体提供最低生活保障和专项救助；为农村五保对象提供吃、穿、住、医、葬方面的生活照顾和物质帮助；为自然灾害受灾人员提供救助；为城市生活困难的流浪乞讨人员提供救助；为残疾人、孤儿、精神病人等特殊群体提供福利服务；为老年人提供基本养老服务；为优抚安置对象提供优待抚恤和安置服务；为城乡居民免费提供婚姻登记服务；为身故者提供基本殡葬服务。

在基本公共卫生医疗方面，为城乡居民免费提供居民健康档案、健康教育、预防接种、传染病防治，儿童保健、孕产妇保健、老年人保健、高血压等慢性病管理、重症精神疾病管理、卫生监督协管等国家基本公共卫生服务；实施国家免疫规划，艾滋病和结核病、血吸虫病等重大传染病防治、住院分娩补助、适龄妇女宫颈癌、乳腺癌检查等重大公共卫生项目；实施国家基本药物制度，基本药物全部纳入基本医疗保障药物报销目录，并实行零差率销售；为公众安全用药提供保障，确保药品质量和安全。

在人口和计划生育方面，为育龄人群免费提供避孕药具和避孕、节育技术服务；为符合条件的育龄夫妇免费提供再生育技术服务；为城乡居民免费提供计划生育、优生优育、生殖健康等科普宣传教育和咨询服务；为符合条件的计划生育家庭提供奖励扶助。

在基本住房保障方面，为城镇低收入住房困难家庭提供廉租住房或租赁补贴；为城镇中等偏下收入住房困难家庭、新就业无房职工和城镇稳定就业的外来务工人员提供公共租赁住房；为符合条件的棚户区居民实施住房改造；为农村困难家庭危房改造提供补助。

2.3 公共服务均等化的理论基础

2.3.1 公共服务供给理论

（1）公共服务供给机制理论

机制本身的含义是指机器的构造和动作原理，将本意引申到不同的领域就会产生不同的机制。所以机制是以一定的运作方式把事物的各个部分联系起来，使它们协调运作而发生作用的方式。公共服务供给机制主要指公共服务的供给主体关系、供给的方式以及各级政府之间的权责关系，包括供给公共服务的态度、供给方式和方法。目前在倡导服务型政府的大背景下，城乡居民对政府提供优质的公共服务的期望更加强烈。世界银行在2004年发展报告中，厘清了公共服务的四个参与方，即国家、公民、机构和一线人员之间的责任关系，国家、公民、机构和一线人员都是公共服务供给主体重要的一部分。供给完善和优质的公共服务，需要将这些参与者紧密联系起来，形成一个循环的公共服务供给网络；在公民和服务供给者之间，公民将服务需求反馈给服务供给者，公民通过市场交易、等价交换原则直接获得所需服务；在政府、公民和一线服务者之间，公民通过表达权将公共服务的需求反馈给政府，并通过纳税为供给公共服务进行筹资，政府则通过制定政策计划、提供资金等方式保证公共服务供给者有效供给公民所需要的公共服务。

（2）公共服务供给方式理论

依据以上公共服务供给机制的分析框架，公共服务供给方式主要有四类：政府供给、市场供给、志愿供给和混合供给。

政府供给：是指政府以权力运作方式向社会提供或生产社会需求的公共服务。政府供给包括直接生产公共服务和间接安排公共服务两种情景。政府直接生产公共服务的形式包括两种类型：一是政府机构及其雇员生产的公共服务；二是政府的企业及其雇员生产的公共服务。其中纯公共服务一般由政府生产，并向社会公众无偿供给，准公共服务领域中的自然垄断性服务由公共企业生产。政府间接供给指通过政府采购和政府补助鼓励和支持非政府部门生产公共服务，政府间接供给公共服务的方式主要有政府补助、政府采购和凭单制。

市场供给：在公共服务的市场供给方式中，生产者是私人企业，生产以可收费服务为主的公共服务；消费者安排服务并选择生产者，拥有较大选择权和决定权，政府在交易中的介入程度并不深，主要是确定服务并制定质量、安全和其他标准。公共服务的市场供给方式多样，有合同外包、特许经营、用者付费、内部市场、补助和凭单等。

志愿供给：指非营利组织通过其雇员或通过雇用和付费给私人企业，从而为社会公众免费提供公共服务的一种方式。这类供给方式有两类机制：由自身决定的“职员机制”和在公共服务供给中形成的政府与企业组织的“委托—代理机制”。供给公共服务的形式主要有三种：无偿捐赠、志愿服务和无营利目的的收费服务。

混合供给：政府供给、市场供给和志愿供给等供给方式可以单独供给公共服务，也可以联合运用来供给公共服务。具体而言，在供给公共服务时，可以有效运用多样化、混合式和局部安排等方式。混合供给方式有效整合了政府、市场、第三部门、社区及个人，根据政府结构、需求现状、地理、文化特质来选择供给方式，从而决定了这样的选择过程是一个“逐级过滤”的过程。

（3）公共服务有效供给理论

公共服务供给中有三个基本的参与者，分别是消费者、生产者和安排者。根据安排者、生产者和消费者之间的互动关系，借鉴西方国家“新公共管理”治理工具中比较成熟的公共服务供给方式，同时继承我国公共服务供给方式中的有益成分，可以发现在公共服务的供给中，政府、市场以及第三部门都占有一定份额，并且三者之间还存在交叉、重叠和相互依赖。

首先是政府、市场和第三部门在公共服务生产中的界限不清。政府和市场的共同投资，以及政府通过税收和管制对市场的介入，导致两者界限模糊；政府和第三部门在一些福利项目的合作，以及复杂的组织计划将营利性活动与非营利活动置于同样的管理体制下，使三者的关系难以甄别和分清。其次是三者在公共服务供给过程中合作与竞争并存。通过竞争，三方可以发挥各自的比较优势，打破垄断以提升公共服务的供给效率；通过合作能够集中优势资源，共同解决面临的社会重大问题，同样能够提高公共服务的供给效率。最后是三者各有优势和不足。政府在公共管理、制定规章制度、保障平等、保障服务的连续性等方面具有优势，但也存在难以实现资源有效配置的缺点。市场可以较好地实现资源的有效配置，给公共服务供给注入新的血液与活力，但也存在投机行为、外部性效应等市场失灵的现象。而第三部门可以很好地弥补政府和市场在公共服务供给中的不足，但源于第三部门尚未发育成熟，致使其在公共服务供给中发挥的作用仍非常有限。

公共服务有效供给的理论和实践表明，公共服务有效供给追求的是效率的提升。不能绝对地肯定或否定某一种有效的公共服务供给方式，而是通过政府、市场和第三部门的共同合作和努力，发挥各自的比较优势，才能成为解决公共服务供给问题的有效方式。

（4）公共服务供给模式选择

建筑大师 Christopher Alexander 于 20 世纪 70 年代最早提出模式的概念："每个模式都描述了一个在我们的环境中不断出现的问题，然后描述了该问题解决方案的核心；通过这种方式，你可以无数次地使用那些已有的解决方案，无需再重复相同的工作。"模式就是解决某类问题的方法论，是人们将解决某类问题的方法总结归纳到理论高度而形成的旨在解决重复性问题的稳定方式。

政府公共服务供给模式指政府为解决公共服务供给和生产中的问题，实现公共服务的高效率、高质量和无缝隙的目标而形成的具有可重复性、可传授性的服务供给方法和方式。每一种政府公共服务模式都决定了与之相符合的公共服务制度供给模式。在服务理念的指导下，目前国际社会通行三种公共服务供给模式，分别是"最低保障和兼顾效率型"、"效率主导型"和"全面公平型"公共服务供给模式。长期以来我国公共服务供给模式一直是政府主导型，直到 20 世纪 90 年代，一些城市对公共服务的供给方式才开始改革探索；进入 21 世纪，为提高公共服务供给能力和效率，更多城市根据各地实际情况对公共服务供给方式进行了各具特色的改革，例如，向民办机构购买公共服务。2012 年 7 月发布的《国家基本公共服务"十二五"规划》提出，在坚持政府负责的前提下，充分发挥市场机制作用，推动基本公共服务供给主体和供给方式多元化，加快建立政府主导、社会参与、公办民办并举的基本公共服务供给模式的改革目标，创新基本公共服务供给模式，引入竞争机制，积极采取购买服务等方式，形成多元参与、公平竞争的格局。实现城乡公共服务的均等化，需要建立多元化的供给制度，公共服务供给应从政府垄断的单一供给模式向由政府主导、市场和第三部门补充的多元供给模式转变。

2.3.2　公平正义理论

公平正义是人类社会发展中具有永恒意义的基本价值追求和行为准则。中外思想家在对未来理想社会的期待和设计时，始终将能否达到公平正义作为衡量个人行为和社会制度好坏的重要准则。早在 2000 多年以前，孔子“不患贫而患不均，不患寡而患不安”之中就蕴含着公平正义的思想。西方的正义理论同样源远流长。古希腊时期苏格拉底、柏拉图和亚里士多德等思想家就对正义问题进行了探讨；近代的卢梭、洛克、休谟、康德等众多思想家进一步发展了正义理论，奠定了现代正义理论的基石；20 世纪的罗尔斯、阿马蒂亚·森、诺齐克、大卫·米勒等学者也对完善公平正义论做出了重要贡献。这些学者大多将基本公共服务均等化思想的内涵视为人类最基本的权利，其中最具有代表性的是约翰·罗尔斯的“正义论”①。

（1）公平正义理论的本质

哈佛大学教授约翰·罗尔斯于 20 世纪 70 年代出版了代表作《正义论》（1971），阐释了对公平和正义的看法，提出了两个正义原则：第一正义原则即自由平等原则。与其他人一样，每个人都平等地享有一系列广泛的基本权利与自由，包括选举权与被选举权、言论自由、结社自由、思想自由、拥有财产的自由、不受非法任意拘捕和搜查的自由等，这一点与哈耶克（1945）《通往奴役之路》的观点相似。第二正义原则即机会平等和差别原则。机会平等原则指在机会平等条件下所有地位和职务对所有人开放，差别原则指不平等必须对社会中最弱势的人最为有利（罗尔斯，1998）。根据罗尔斯公平的正义理论，第一正义原则优先于第二正义原则，在第二正义原则中机会均等原则又优先于差别原则。

（2）社会正义与基本公共服务均等化

罗尔斯的社会正义观点几乎覆盖了所有的社会基本价值，如自由和机会、收入和财富，以及自尊的基础等，不仅体现了他主张的平等主义倾向，也展示了社会理想的状态，树立了国家、政府、制度等的道德评价准则，其中的分配正义，对探讨基本公共服务、公共财政理论具有价值标杆的作用。公平正义就是要尊重每个人，维护每个人的合法权益，在自由平等的条件下，为每个人创造全面发展的机会。与发展经济、改善民生一样，推动社会公平正义同样是政府的基本职能。机会公平、过程公平和结果公平是社会正义的要求，也是社会发展和福利增进的基本条件。公平意味着不能剥夺他人平等参与竞争的机会，也意味着反对滥

① 程岚．实现我国基本公共服务均等化的公共财政研究［D］．南昌：江西财经大学，2009.

用特权。在我国，由于城乡差别、区域差别、行业差别，人们获取资源的机会存在较大差别。根据两条正义原则可以推断基本公共服务的三大原则：

第一，受益均等原则。根据罗尔斯第一正义原则中的平等自由原则，每一成员享受大致相等的基本公共服务，包括品种和受益程度两个层面，意味着基本公共服务均等化最终体现为一种结果公正。该原则保证“底线完全平等”，即基本公共服务的供给水平是平均的，所有地区及所有人都应该享受到这一水平以上的公共服务。基本公共服务均等化概念的提出，是为了解决公众受益严重不均、部分居民明显受到歧视的公共服务供给不均衡问题，因此在三大原则中受益均等原则最为重要。

第二，主体广泛原则。根据罗尔斯第二正义原则中的机会均等原则，全体社会成员作为社会契约的签订方，在接受（或拒绝）政府供给的某种公共服务时具有大致相等的机会。该原则保证所有社会成员在基本公共服务的分配上具有起点公正，无人被排除在外，即保障最广泛的主体、社会最大多数成员能够享受到政府供给的基本公共服务。

第三，优惠合理原则。根据罗尔斯第二正义原则中的差别原则，享受额外的照顾和优惠必须有合理合法的理由和程序。因此，政府应公开特殊优惠的合理标准和享受范围，同时还要经过有关认可程序得到全社会公认或多数成员认可，以保证程序的公正。程序公正意味着除了合理合法的优惠之外不存在其他形式的豁免、特权和优惠，特别是既得利益集团不能利用其优势地位获得更多的公共服务。

2.3.3 福利经济理论

福利经济学萌芽于18世纪末帕累托提出的“帕累托最优”标准。20世纪20年代，英国经济学家庇古《福利经济学》构建了较为完整的理论体系，标志着旧福利经济学的形成；20世纪三四十年代，卡尔多、希克斯、伯格森等经济学家对庇古的福利经济理论进行了重要的补充和修改，形成了新福利经济学；“二战”以后，阿罗、阿马蒂亚·森、黄有光等福利经济学家进一步发展了新福利经济学，开创了后福利经济学时代。福利经济学主要研究如何进行资源配置以提高效率，如何进行收入分配以实现公平，如何进行集体选择以增进社会福利等的问题，福利经济学的研究为基本公共服务均等化奠定了经济学理论基础。

庇古（1920）根据马歇尔的边际效用价值论，首先提出经济福利的概念。经济福利由效用构成，人性的本质就是追求福利的最大化。社会经济福利是社会全体成员个人经济福利的总和，社会经济福利越大，整个社会的满足程度越高。为了实现社会经济福利最大化，根据帕累托最优标准，庇古提出了两个基本命题：一是国民收入总量越大，社会经济福利就越大；二是国民收入分配越是均等化，社会经济福利也就越大。这两个基本命题首次阐述了社会福利问题与国家干预收入分配问题的紧密联系。

庇古（1920）认为，国民收入总量增加是社会经济福利增加的主要因素，要增加整个国家的经济福利，必须增加国民收入的总量。基本公共服务是国民收入转化为社会经济福利的实现手段，国民收入越大，政府可用于为居民提供的基本公共服务总量和社会经济福利就越大。基本公共服务是国民收入的重要组成部分，对基本公共服务的均等化分配，有助于提高国民收入分配的均等化程度，从而增进社会经济福利，促进社会福利最大化。从庇古的思想可以看出：基本公共服务总量越大，社会经济福利就越大；基本公共服务越是均等化，社会经济福利也就越大。可见，促进区域、城乡基本公共服务均等化，有利于增加整个社会的经济福利。

新福利经济学运用帕累托最优来解释福利问题，丰富和完善了福利经济学的方法与标准。但帕累托最优标准也存在两点缺陷：一是当一些人的福利状况改善而另一些人福利状况恶化时，无法判断社会福利是否增进；二是在达到帕累托最优时，无法衡量社会分配是否达到公平。为了弥补这些缺陷，新福利经济学提出了补偿原则加以完善。其基本思想是：国家的政策变动将会影响市场价格，使有人受益，也有人受损，如果部分社会成员状况的改善程度足以补偿其他社会成员状况的恶化，且补偿后还有剩余，就说明整体社会福利增加。根据补偿原则，政府制定经济政策时，如果社会整体上损失的利益小于获得的利益，通过从受益者那里转移部分收益补偿受损者，社会整体福利就会增加，制定的经济政策就是可行的。

1998 年诺贝尔经济学奖获得者阿马蒂亚·森（2004）对福利的概念进行了新的阐释。他在以往福利经济学重视均等化的基础上，采取经济学与伦理学相结合的方法，设计了新的福利指数，提出社会福利的提高不单单是效用的提高，更是个人能力的培养和提高。阿马蒂亚·森认为，创造福利的并不是商品本身，而是它带来的那些机会和活动。这些机会和活动建立在个人能力的基础上，因而福利的实现又取决于拥有房屋、食品、健康等其他一些因素，所有这些因素都应当在衡量福利时加以考虑。

根据阿马蒂亚·森的观点，联合国创建了人类发展指数。此指数强调要培养和提高个人的能力，必须重视个人的生存与发展环境，而生存发展环境的改善与基本公共服务的供给与分配直接相关。只有社会公众享有基本的与大致均等的基本公共服务，才能具备提高个人能力的基本条件，才有实现社会福利最大化的可能性。因此，社会必须建立保障居民基本生存和生活条件、提高居民的社会生活能力的机制，为居民提供基本公共服务；基本公共服务供给的主要内容，应当是能够提高居民社会生活能力的最基本公共服务。为保障每个公民最基本的生存和生活条件，基本公共服务的分配应该大致均等化，以避免一部分公民享受过剩，而另一部分公民享受不足。

2.3.4 公共经济理论

美国经济学家曼瑟尔·奥尔森（1995）指出，公共产品的概念是公共财政研究中一个最古老和最重要的概念之一。事实上公共产品的概念早于公共经济理论的产生，其思想萌芽最早可以追溯到 18 世纪的休谟。公共经济理论对基本公共服务均等化的贡献主要有两点：一是深入研究了公共产品的概念和理论，为基本公共服务均等化提供了经济学理论基础；二是研究了中央和地方政府的财政分权，地方政府供给基本公共服务比中央政府更具有优越性、效率更高，但需要中央政府赋予其相应的财力。

按照亚当·斯密“看不见的手”的观点，整个经济体系通过自由竞争的市场机制作用可以达到一般均衡，而无需公共部门的活动。由于外部效应、囚徒困境、不公平问题和宏观经济效率缺陷等问题的存在，不可避免地出现市场失灵，仅仅依靠“看不见的手”不能达到均衡，而必须依靠政府的宏观调控。政府纠正市场失灵的重要工具之一就是向居民供给公共产品。1954 年，萨缪尔森提出了公共产品的经典定义：每一个人对这种产品的消费并不减少任何他人对这种产品的消费。根据他的定义，公共产品具有两个基本特征：一是消费的非竞争性。某一个人或企业对公共产品或服务的享用，并不排斥和妨碍其他人或企业同时享用，也不会因此而减少其他人或企业享用该种公共产品或服务的数量或质量。二是受益的非排他性。将拒绝为公共产品付费的个人或企业排除在受益范围之外，这在技术上不可行或成本很高。按照公共产品的定义将不可避免地会出现“搭便车”的现象，私人提供公共产品的动力不足，必须依靠政府来提供。

经济学家认为，单纯由地方政府供给地方性公共产品，将会带来各区域公共产品供给不均等，从而需要中央政府发挥宏观调控功能。财政分权理论为合理划分中央和地方财政关系、实行财政转移支付制度奠定了理论基础，公共财政支出是履行国家职能和发挥政府经济作用的重要体现。美国经济学家马斯格雷夫和罗斯托提出，公共支出的重点随着经济发展阶段不同而发生变化。在经济起飞阶段，公共支出的重点以社会基础设施投资为主；在经济成熟阶段，以教育、保健、福利服务为主；在高额群众消费阶段，以福利和再分配为主（高培勇，2004）。

第3章 新疆城乡公共服务供给现状分析

公共服务是城乡居民生产生活不可或缺的基本条件，但据目前公共服务的供给状况来看，新疆除国防等公共服务在城乡居民间均衡分享外，其余公共服务均采用分割分享制度；再加上历史遗留的二元发展问题，导致广大农民未能充分享受到应有的“国民待遇”和“改革成果”，最终出现城乡公共服务供给不均等的现象，这种城乡差异具体体现在基础教育、基本公共卫生医疗、基础设施、社会保障公共服务供给不均等几个方面。

3.1 新疆城乡基础教育服务现状

近年来我国西部地区相继启动了“国家贫困地区义务教育工程”、“中小学危房改造工程”、“农村寄宿制学校建设工程”和“农村中小学现代远程教育工程”等项目；同时新疆2011年启动了“励耕计划”、“农村义务教育学生营养改善计划”等教育基本建设项目。2011年新疆教育经费投入达413亿元，较2009年增长了72.1%；教育经费投入占自治区生产总值6 600亿元的6.26%，达到了教育经费投入占GDP总数4%以上的要求。从2012年起，自治区以完善农村义务教育经费保障机制为目的投入45.06亿元，重点用于家庭经济困难学生补助、城乡义务教育经费保障、农村义务教育学生营养改善计划、建设边远贫困地区普通高中等9项工程，随后又追加20.79亿元作为2012年农村全年的义务教育经费保障机制改革资金。在国家政策支持及地方政府努力下，新疆义务教育资源的整体配置情况虽得到不断提高，但城乡差距依然存在。

3.1.1 生均经费投入的城乡差别

从投入结构上看，新疆城乡中小学在生均教育经费投入上存在明显差别，农村义务教育阶段生均教育经费投入不足，严重制约了农村中小学的发展①。以下将对 2007 ~2009 年新疆的城镇、农村义务教育阶段的生均事业性教育经费支出情况和生均预算内教育经费公用部分支出情况进行纵向对比，用以分析新疆城乡义务教育财力资源配置的差距②。

如图 3 -1 和图 3 -2 所示，新疆城乡生均事业性教育经费支出的差距得到缓解。城乡中学生均事业性教育经费分别由 2007 年的 4 341.71 元和 3 678.93 元增加到 2009 年的 7 363.29 元和 7 425.09 元，增幅分别为 69.59%、101.83%，从而使中学生均事业性教育经费的城乡差距由 662.78 元剧减到 -61.8元；城乡小学生均事业性教育经费分别由 2007 年的 3 571.43 元和3 513.03元增加到 2009 年的 5 334.03 元和 5 321.84 元，增幅分别为 49.35% 和 51.49%，小学生均事业性教育经费的城乡差距由 58.40 元降低到 12.19 元。

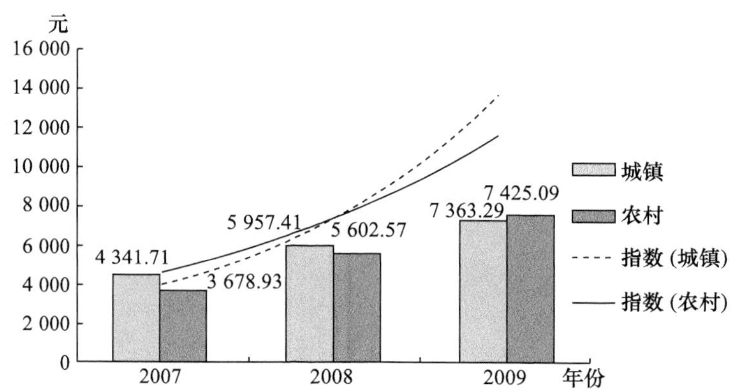

图 3 -1　新疆城乡中学生均事业性教育经费支出情况

从上述分析可以看出，2007 ~2009 年三年间中小学生均事业性教育经费之间的城乡差距年年都在缩小，但这并不意味着城乡中小学的教育经费实现了均衡配置。由于农村的经费底子薄弱，管理经费制度的欠缺，使得农村生均事业性教育经费的增加量并不能弥补长期形成的生均事业性教育经费的城乡差距，也不能使农村中小学的教育质量高于城市的教育质量。

① 郑宏波．城乡义务教育不均衡发展的现状分析——以信阳市为例［J］．新乡教育学报，2009，6（2）：10 -11.

② 数据来自 2008 ~2010 年《中国教育统计年鉴》计算整理所得。

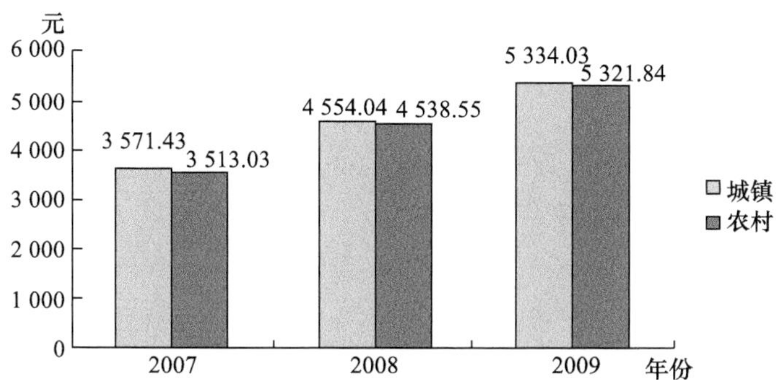

图3-2 新疆城乡小学生均事业性教育经费支出情况

从图3-3和图3-4可以看出，2007~2009年新疆生均预算内教育经费公用部分支出的城乡差距总体上在逐年缩小。城乡中学生均预算内教育经费公用部分支出分别由2007年的726.71元、536.75元增加到2009年的2 483.64元和2 920.68元，增幅分别为241.76%、444.14%，同时城乡之间的差距也由189.96元剧减为-437.04元；城乡小学生均预算内教育经费公用部分支出分别由2007年的445.31元和420.09元增加到2009年的1122.87元和1 084.81元，增幅分别为50.72%和52.74%，小学生均预算内教育经费公用部分支出的城乡差距2007~2008年从25.22元降低到10.74元，但在2008~2009年两年间的城乡差距突然增加到38.06元。2007~2009年三年城乡生均预算内教育经费公用部分支出差距在逐年减少，原因在于新疆政府在2007年采取了农村家庭经济困难学生可以享受“两免一补”① 补助政策，从而提高了农村预算内教育经费公用部分总值，进而影响到生均预算内教育经费公用部分支出的城乡差距。

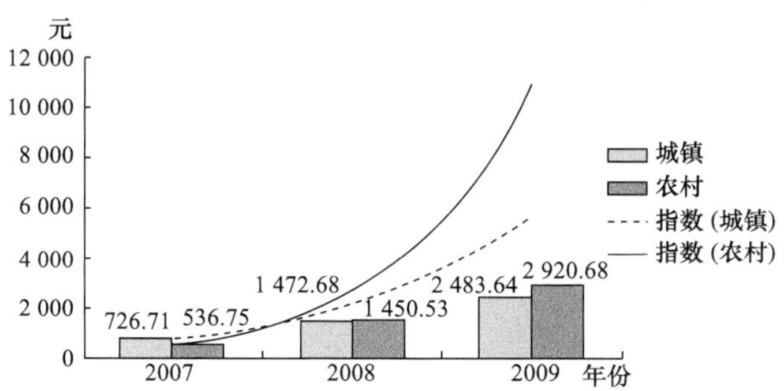

图3-3 新疆城乡中学生均预算内教育经费公用部分支出

① “两免一补”指免杂费、免书本费和补助寄宿制学生生活费等费用。

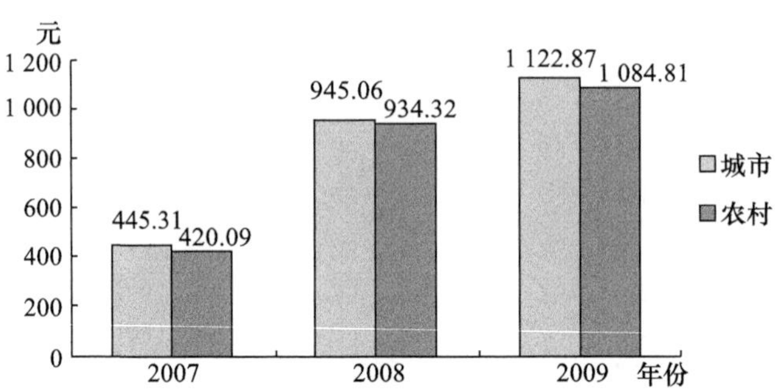

图 3 – 4　新疆城乡小学生均预算内教育经费公用部分支出

3.1.2　办学条件的城乡差别

教育发展水平与办学条件有着密切的关系。新疆城乡中小学在办学条件上存在明显差距，农村义务教育办学条件的先天不足严重影响了农村中小学的健康发展。下文通过对新疆2009年城市、县镇、农村义务教育阶段的生均校舍建筑面积、生均教学及辅助用房（普通教室、实验室、图书馆）、生均校舍面积中危房面积、生均体育运动场（馆）面积等指标的测量，对比分析城乡间义务教育办学条件的差距。

表 3 – 1　2009 年新疆城乡义务教育阶段生均办学条件对比

比较项目		学生数（人）	生均校舍建筑面积（平方米）	生均危房面积（平方米）	生均体育运动场（馆）面积（平方米）	生均计算机（台）	生均图书藏量（册）
小学	城镇	745 328	4.54	0.05	4.34	0.05	15.15
	农村	1 228 562	5.20	0.20	2.63	0.03	10.45
	合计	1 973 890	4.95	0.14	8.50	0.04	12.22
中学	城镇	463 269	2.39	0.02	5.77	0.06	13.69
	农村	564 428	6.75	0.14	12.72	0.06	17.48
	合计	1 027 697	4.95	0.11	9.59	0.06	15.77

资料来源：根据2010 年《中国教育统计年鉴》计算得出。

从新疆城乡中小学的生均办学条件来看，城乡差距比较明显。如表 3 – 1 所示，近年来政府为改造教育危房投入了大量资金，尽管农村中小学危房面积在校舍建筑面积中的比例从2005 年的7.29% 急剧下降到2010 年的2.19%，但是危房问题仍然比较严重。在 2005 年新疆小学农村和城镇生均危房面积之比为 3.2∶1，初中农村和城镇生均危房面积之比为 1.5∶1。而 2009 年，农村千名小学生的危房面积为 200 平方米，是城镇的 4 倍；而城乡普通初中相对城乡小学在生均危房面积方面的差异更大，农村千名普通初中生危房面积达到 140 平方米，是城镇小学的 7 倍。从 2005 年和 2009 年的生均危房面积对比可以看出，新疆农村危房面积在这几年中有所增加，城乡教育条件之间的差距有所扩大。农村小学生均计算机台数小于城镇小学，农村千名小学生拥有计算机 30 台，仅相当于城市水平的 60%；与 2005 年的农村千名小学生拥有计算机数量 10 台相比，2009 年生均计算机数量的城乡差距有所降低，但是差距依旧明显。2009 年，小学生均体育运动（馆）面积的城乡差距大于初中。城镇小学生均体育运动（馆）面积 4.34 平方米，与农村每人相差 1.71 平方米，城镇小学生均体育运动（馆）面积是农村的 1.65 倍；农村初中的生均体育运动（馆）面积是城镇的 2.20 倍。

3.1.3　师资力量的城乡差别

教师是教育质量的关键，但由于地理环境及国家政策的城市偏好，致使城市在教学环境、进修培训、工资待遇以及办公条件等方面远远优于农村，甚至优秀的教师资源也大都集中在城市和北疆地区，造成新疆农村地区的师资普遍存在数量不足、质量较低以及结构不合理的现象。当前，在全国教师水平大幅度提高的大背景下，新疆城乡师资水平的差距反而日益扩大，双语教师的队伍建设逐渐成为解决新疆农村教育问题的焦点。

（1）新疆城乡中小学教师数量结构分析

2009 年新疆小学专任教师 134 263 人，其中城镇小学专任教师 42 206 人，农村小学 92 057 人，分别占总数的 31.44% 和 68.56%。2009 年新疆普通初中专任教师 69 073 人，其中城镇初中专任教师 19 893 人，农村初中 48 180 人，分别占总数的 29.22% 和 70.78%。

生师比可以从统计水平上说明每位教师所担负的教育对象数，因而在一定程度上能反映出一个地区的教师工作负担状况。如表 3－2 所示，2009 年新疆城镇、农村普通小学的生师比分别为 17.66∶1、13.35∶1；普通初中的生师比分别为 23.29∶1、11.71∶1。按照 2003 年新疆维吾尔自治区人民政府办公厅转发自治区机构编制委员会办公室、教育厅、财政厅关于《新疆维吾尔自治区中小学机构编制管理暂行规定》①，可计算得出学生与专任教师比例标准：小学阶段，城市为 17.3∶1，县镇为 17.3∶1；初中阶段，城市为 11.5∶1，县镇为 12∶1，据此核算可

① 标准规定：小学阶段，教职工与学生比城市为 1∶19，县镇为 1∶19，农村小学每班平均学生数为 25～40 人，每班平均教职工数为 1.8 人；初中阶段，城市为 1∶13.5，县镇为 1∶14，农村初中每班平均学生数为 30～45 人，每班平均教职工数为 3.8 人。职员、教辅人员和后勤人员所占教职工编制比例为：初中一般不超过 15%、小学一般不超过 9%。

以得知目前新疆县镇小学教师大多超编，城镇初中专任教师存在缺口现象。因而会造成一定程度上的教师工作量大、没有时间进行教学研究，也没有足够的时间与家长和学生沟通，可能将影响教学效果和学校教育教学质量。

表 3－2　在校学生与专任教师生师比

项　目		2007 年	2008 年	2009 年
小学	城镇	13.23	11.11	17.66
	农村	14.27	13.81	13.35
初中	城镇	14.41	6.52	23.29
	农村	13.60	12.53	11.71

（2）新疆城乡中小学教师学历结构分析

教师学历的高低严重影响着义务教育的质量。从表 3－3 可以看出，在 2007～2009 年这三年里，农村小学专任教师本科学历、专科学历的专任老师占本科、专科学历专任教师的比例分别从 2007 年的 46.77%和 67.64%，增加到了 2009 年的 50%和 69.38%；相反城镇本科与专科学历的专任教师所占的比例有所降低，年降幅均为 1%。另外，学历层次为高中阶段的农村小学专任教师占城乡高中阶段教师的比例却从 2007 年的 83.86%降低到 2009 年的 81.91%，年降幅同样也为 1%。

新疆城乡中学教师学历结构中专科以上学历专任教师数量在增加，低学历教师在减少（见表 3－4）。农村初中教师学历为本科、专科的占相应城乡专任教师的比例在增加，分别从 2007 年的 51.68%、71.71%增长到 2009 年的 63.06%、78.84%，而高中阶段以下的教师所占比例却在降低。

表 3－3　新疆小学城乡义务教育专任教师学历情况

单位：%

年份	研究生数量（人）		本科所占比例		专科所占比例		高中阶段所占比例		高中阶段及以下所占比例	
	城镇	农村	城镇	农村	城镇	农村	城镇	农村	城镇	农村
2007	55	3	53.23	46.77	32.36	67.64	16.14	83.86	11.17	88.83
2008	144	25	52.40	47.60	31.31	68.69	17.65	82.35	14.29	85.71
2009	55	8	50.00	50.00	30.62	69.38	18.09	81.91	10.23	89.77

资料来源：根据 2007～2009 年《中国教育统计年鉴》计算得出。

表3-4　新疆初中城乡义务教育专任教师学历情况

单位：%

年份	研究生数量（人）		本科所占比例		专科所占比例		高中阶段所占比例		高中及以下所占比例	
	城镇	农村	城镇	农村	城镇	农村	城镇	农村	城镇	农村
2007	97	17	48.32	51.68	28.29	71.71	22.96	77.04	14.00	86.00
2008	123	9	49.60	50.40	28.14	71.86	26.86	73.14	11.11	88.89
2009	74	10	36.94	63.06	21.16	78.84	19.12	80.88	28.57	71.43

资料来源：根据2007~2009年《中国教育统计年鉴》计算得出。

从新疆城乡义务教育现状分析可以看出，农村义务教育无论是在投资还是硬软件资源配置上都得到了不断提升。但农村教育底子薄弱的事实使得农村义务教育状况不容乐观，城乡之间的差距较大。一方面，教育经费投入缩小城乡差距的效果显现出滞后性。在2007~2009年中初中生均事业性教育经费和生均预算内教育经费的城乡投入的差距较小学更为明显，这并不能说明城乡的教育经费投入情况有所改善，出现这种状况源于近年来新疆政府部门不断加大了教育保障工程的投入，或是增加农村义务教育阶段学生的补助，这些措施对于消除长期历史形成的城乡义务教育差距来说只是杯水车薪，起到的作用具有不可持续性、短期性和直接性。另一方面，办学条件差距扩大了城乡教育资源配置的不均衡性。城乡义务教育办学条件在总的趋势上得到了改善，但是城乡之间的差距依旧不容忽视：城镇义务教育投入不低于农村，再加上其校园硬件设施过硬，城镇中小学师资水平普遍高于农村，可能将进一步加大城镇教育资源的负荷，增大城镇教育资源的需求量，降低农村教育资源的利用效率与规模收益。

3.2　新疆城乡基本公共卫生医疗服务现状

基本公共卫生医疗服务均等化是公平理念在医疗服务领域的具体体现。基本公共卫生医疗服务均等化的内涵主要体现在三个方面：全民享有的基本公共卫生医疗服务的机会均等、结果大体均等以及自由选择的权利受到尊重①。

① 陈昌盛，蔡跃洲．中国政府公共服务：体制变迁与地区综合评估［M］．北京：中国社会科学版社，2007.

3.2.1 卫生医疗费用支出状况

从卫生医疗费用的城乡构成来看，2005~2008 年新疆城乡卫生医疗费用总额呈现出不断扩大的趋势。其中，城市卫生医疗费用从 2005 年的 28.02 亿元上升至 2008 年的 50.57 亿元，增长了 1.8 倍，而农村卫生医疗费用从 2005 年的 17.94 亿元上升至 2008 年的 27.09 亿元，只增长了 1.5 倍；城市人均卫生医疗费用和农村人均费用的比值由 2005 年的 2.64 倍扩大到了 2008 年的 2.84 倍，城市人均卫生医疗费用比农村人均卫生医疗费用高 388.10 元。卫生医疗费用在城乡卫生医疗服务机构的分配情况如下：城市医院费用占到了全部费用的 70% 以上，并且城市医院所占的比例还在逐年上升，而县医院所占用的费用比例仅在10%~12%之间，反映出新疆卫生医疗资源有着很明显的城市化倾向。

3.2.2 卫生医疗基础设施配置状况

在城乡基本公共医疗卫生机构设置方面，新疆城乡卫生医疗基础设施差距较大，不仅服务水平和服务质量存在差距，城乡所拥有的卫生机构服务的人群数量也存在较大差距。2000~2010 年间新疆基本公共卫生医疗机构数量大致呈现出先增后减的态势，各年的卫生医疗机构数量基本都在 7 200 个以上；而城市拥有的机构总数在 2000~2010 年 10 年间几乎都在 6 500 个以上，乡村的医疗机构总数却总是徘徊在 800~900 个。城镇卫生医疗机构总数均远远高于乡镇卫生机构数量。2010 年，城镇卫生机构总数为 6 476 个，乡村卫生机构总数为 901 个，城乡比为 7.19；城镇 80% 以上的卫生医疗机构服务了 40% 的人口，而乡村以不足 20% 的医疗机构服务 60% 的人口①。

表 3-5 新疆城乡卫生医疗机构状况比较

单位：个

年份	卫生机构总数	乡村卫生机构总数	城镇卫生机构总数
2000	7 314	820	6 494
2001	7 309	820	6 489
2002	10 297	829	9 468

① 数据来源：根据表 3-5 和《新疆统计年鉴》(2010) 相关数据计算整理而得。

续表

年份	卫生机构总数	乡村卫生机构总数	城镇卫生机构总数
2003	9 434	832	8 602
2004	9 087	836	8 251
2005	8 087	825	7 262
2006	8 175	854	7 321
2007	7 465	868	6 597
2008	6 739	876	5 863
2009	7 288	894	6 394
2010	7 650	901	6 476

资料来源：《新疆统计年鉴》（2011）。

在城乡病床配置方面，新疆城市医院床位数占医疗机构床位的比重高达96.9%，是农村卫生院的31.33倍；城乡每万人拥有的床位数分别为61.51张和22.45张，城市每万人拥有的床位数是乡村的2.74倍；2009年，新疆城市医院床位数占医疗机构床位的比重（97.82%）是农村卫生院（2.18%）的44.96倍，新疆城乡每万人所拥有的床位数分别为67.85个和19.56个，每万名城市居民拥有的床位数比乡村居民多48.29个。而在新疆有近80%的医疗设备配置在城市的医疗机构之中，只有10%～20%的医疗设备分布在县镇卫生院，城乡医疗设备差距悬殊①。以上数据表明新疆城乡基本公共卫生医疗基础设施差距较大，不仅服务水平和服务质量存在差距，城乡所拥有的卫生机构所服务的人群数量、每万人拥有的床位数等方面也存在较大差距。

3.2.3 卫生医疗技术人员状况

从公共卫生医疗技术人员的城乡构成来看，新疆卫生医疗人员的城乡差距也较为明显。由表3-6可知，新疆城市卫生技术人员总数由2000年的44 115人增加到2010年的80 066人，增加了1.81倍；同时期乡村卫生技术人员增加了11 656人，仅增加了1.37倍。2000年城乡卫生技术人员比值为1.42，2010年城乡卫生技术人员比值已经扩大到1.87；2000～2010年间，城乡每万人拥有卫生技术人员数量的比值稳定在2.8左右，表明新疆城乡卫生医疗人员数量

① 数据来源：《新疆统计年鉴》（2010）、《新疆五十年统计年鉴》（2005）。

差距有逐年扩大的趋势，且城乡居民拥有的卫生技术人员状况并没有得到根本性改善。

表 3－6　新疆城乡每万人拥有的卫生医疗技术人员数

单位：人

年份	城市卫生技术人员总数	城市每万人拥有卫生技术人员数量	乡村卫生技术人员总数	乡村每万人拥有卫生技术人员数量
2000	44 115	70.67	31 138	25.41
2001	44 113	69.66	31 055	24.98
2002	41 850	64.91	27 932	22.15
2003	44 678	67.17	28 228	22.24
2004	46 956	68.04	28 552	22.42
2005	54 188	72.55	31 132	24.63
2006	56 701	72.9	32 178	25.29
2007	68 546	83.56	36 125	28.33
2008	69 292	82.03	37 561	29.20
2009	74 582	86.70	39 939	30.76
2010	80 066	90.97	42 794	32.89

资料来源：《新疆统计年鉴》（2001～2011）。

3.2.4　新疆城乡基本公共卫生医疗服务水平比较分析

（1）新疆与全国平均水平的比较

由于新疆地广人稀，各地州医疗机构分布较为分散，医疗机构数量等指标可能难以全面体现出新疆地区的医疗水平；因此，在与全国平均水平比较时选用了卫生费用增长速度、卫生费用占 GDP 比重和人均卫生费用三个指标。

与全国以及其他地区相比，近年来新疆基本公共卫生医疗状况呈现出逐渐改善的趋势，在公共卫生事业方面取得了较为显著的成果。近几年新疆卫生费用的增长速度较快，2007 年新疆卫生费用的增速高达 29.50%，比全国卫生费用增速高 11.98 个百分点；而全国卫生费用从 2004 年的 15.29% 增加到 2008 年的

25.59%，其增长速度比较平稳。从卫生费用占GDP比重来看，新疆卫生费用占GDP的比重除2004年（4.55%）低于全国平均水平（4.75%）外，其余年份均高于全国平均水平；2008年新疆卫生费用占GDP比重为6.28%，比全国水平高1.65个百分点；从人均卫生费用来看，新疆人均卫生费用除2004年（511.74元）和2005年（641.54元）低于全国平均水平以外，其他年份均高于全国水平；2008年新疆人均卫生费1233.22元，比全国平均水平高138.70元；2010年新疆卫生费用的增速高达26.4%，比全国卫生费用增速高10.1个百分点；同年人均卫生经费支出474.76元，增速高达20.66%①，远高于全国平均增速。

（2）新疆与东部发达地区的比较

由于新疆的卫生机构、卫生设施和卫生费用总量与东部地区缺乏可比性，本研究主要从新疆地区和东部地区每千人拥有的卫生技术人员数和城乡人均拥有医疗保健费用方面展开比较。与东部地区相比，新疆城乡每千人拥有的卫生技术人员数均高于东部地区，如2009年新疆城乡拥有的卫生技术员数分别为8.79人和3.22人，高于东部地区的6.37人和2.61人，究其原因可能与10多年以来的西部大开发、国家政策倾斜及对口支援有关。另外，福建城镇人均卫生保健费用540.6元，低于新疆的643.5元；农村人均卫生保健费用197.9元，低于新疆的244.6元；但在城乡医疗保健费用方面，东部除福建以外其他各省市均高于新疆水平，可见新疆地区的城乡医疗保健保障水平和东部地区仍有一定差距②。

（3）新疆与西部地区的比较

与西部五省中的贵州、甘肃、青海、宁夏的医疗水平相比，新疆的医疗卫生水平在西部五省中处于中上水平。由表3-7可知，2005年新疆城市与县镇每千人口所拥有的卫生技术人员数分别为8.06人和2.91人，除城市居民每千人拥有的卫生技术人员低于青海（9.67人）外，均高于其他三个省区。从近几年西部五省每千人拥有的床位数可知，新疆除2005年和2009年城市拥有的床位数低于青海省外均高于其他三个省区。2009年，新疆城市每千人所拥有卫生技术人员为8.79人，除低于同时期青海（11.6人）外均高于其他三个省区；新疆城乡居民医疗保健支出分别为643.5元和244.6元，在西部地区处于中间水平③。

---

① 数据来源：根据《中国卫生统计年鉴》（2011）计算整理而得。

② 数据来源：《中国卫生统计年鉴》（2010）。

③ 数据来源：《中国卫生统计年鉴》（2006~2010）。

表 3-7 西部五省每千人口卫生技术人员数量对比

单位：人/千人

省份 年份	贵州		甘肃		青海		宁夏		新疆	
	城市	县镇	城市	县镇	城市	县镇	城市	县镇	城市	县镇
2005	4.65	1.25	5.63	2.15	9.67	2.46	5.93	1.88	8.06	2.91
2006	4.56	1.26	5.37	2.28	9.84	2.49	6.04	1.88	8.13	2.94
2007	4.66	1.28	5.57	2.1	9.82	2.39	6.5	1.88	8.34	2.96
2008	4.85	1.32	5.62	2.15	10.48	2.48	6.67	1.91	8.26	3.02
2009	5.13	1.42	5.84	2.2	11.60	2.64	7.15	1.95	8.79	3.22

资料来源：2006~2010 年《中国卫生统计年鉴》。

从以上新疆城乡基本公共卫生医疗现状来看，自 1978 年改革开放以来新疆的卫生医疗水平得到了长足发展，也取得了较大成绩，总体卫生医疗水平不断提高，为广大人民群众提供了相对良好的就医条件。通过新疆与全国、东部和西部省区的对比可知，新疆的基本公共卫生医疗水平和东部地区及全国水平之间还有一定的差距，与东部地区相比在公共服务的质量方面有一定差距，与西部地区相比差别不大。新疆总体卫生医疗水平在不断提高的同时也仍然存在着许多问题，比如说城乡基本公共卫生医疗资源分配不公，城乡二元结构形成的政策差异，同时新疆城乡基本公共卫生医疗服务受到地方政府收入和财力以及农村人口分布分散等因素的影响，这些问题将严重制约城乡一体化和城乡基本公共卫生医疗服务均等化的进程，也预示着新疆城乡医疗一体化和城乡医疗服务均等化将是一个漫长而艰难的过程。

3.3 新疆农村基础设施建设现状

农村基础设施建设是农村公共服务中重要的组成部分，其建设成效对城乡之间和区域之间公共服务均等化的实现起着重要作用。农村基础设施不仅包括有形的物质存在形式，也包括各种无形的公共条件①。本研究将主要研究有形的农村基础设施，包括农村交通运输设施、能源供给设施、农田水利设施、通信信息设施和饮水设施。

① 胡恒洋．农村基础设施建设制度改革和重点［J］．经济研究参考，2008（32）：34.

3.3.1　新疆农村基础设施建设成效

（1）农村交通运输设施建设成效

农村交通运输设施是农村基础设施的基础和主体，也是发展其他基础设施的必要条件之一。新疆独特的地理位置决定了其交通主要以陆路交通为主，长期以来农村公路存在建设资金缺乏、管理养护困难、发展缓慢的局面。直到近 10 年，新疆农村交通设施建设才得到长足发展，此间累计投入 134 亿元，新建、改建农村公路 5.50 万千米。“十五”时期（2001 ~2005 年）是新疆公路交通发展历史上投资规模最大、发展速度最快、建设质量最好的时期。“十五”时期农村公路投资 54.87 亿元，占公路建设总投资的 16.70%；农村公路建设随着“通达工程”和“通畅工程”的实施取得了巨大成就。2005 年年末，新疆所有地（州、市）、县（市）已通柏油路，99.70% 的乡镇通公路，9 438 个行政村中的 8 499 个通公路，行政村公路通达率为 90.05%；2006 年年末，新疆 5.10% 的乡镇有火车站，36.60% 的乡镇有二级以上公路通过，高出西部地区平均水平 6.70 个百分点；84.40% 的乡镇能在一小时内到达县政府，比全国平均水平高出 6.30 个百分点；新疆 861 个乡镇客运班车通车率达到 98%，行政村客运班车通达率达到 76%①。

2006 年 7 月，新疆出台《新疆维吾尔自治区人民政府关于加强公路建设的决定》，自治区区级财政每年新增收入中的 5% 和车船使用税的 50% 专款用于农村公路建设和养护，以加快农村公路建设步伐。仅 2008 年，新疆就实施了 1 584 个农村公路项目，建设里程 1.10 万千米，改善了 60 个乡镇、900 个建制村的通行条件，416 个行政建制村实现了通公路，200 多万农牧民从中直接受益。截至 2009 年年底，新疆已有国道主干线 8 条、省道 66 条、县级公路 600 多条，通车总里程达到 14.70 万千米，其中农村公路达到 9.80 万千米；乡镇通柏油公路率 97.50%，行政村公路通达率 95.10%②；但仍有约 5% 的行政村由于远离主干线公路和中心城市，存在公路里程长、施工难度大、治理成本高等问题，公路建设难度较大。

（2）农村水利设施建设成效

新疆地处亚洲内陆腹地，属于干旱半干旱地区，远离水汽源，气候干燥，降雨稀少，蒸发强烈，干旱是新疆自然地理的基本特征，也是典型的灌溉农业。水

---

①　数据来源：新疆维吾尔自治区交通厅官方网站，http：//2006. moc. gov. cn/06xinjiang/。

②　数据来源：新疆维吾尔自治区主席努尔·白克力于 2010 年 1 月 12 日的《2009 年新疆维吾尔自治区政府工作报告》。

利设施作为绿洲农业的命脉，对新疆农业生产水平起着决定性的影响。新疆根据“绿洲生态、灌溉农业”的特点，已建成以阿克苏克孜尔水库、和田乌鲁瓦提水利枢纽等为代表的一批现代大型水利工程和大批干支渠及防渗工程，新疆的引水量、水库库容和有效灌溉面积迅速增加，新疆农村水利设施功效有所增强。具体表现在以下几个方面：

一是有效灌溉面积呈缓慢增长态势，节水灌溉面积显著增加。由表3－8可知，2009年有效灌溉面积3 949.78千公顷，分别比2002年、2004年和2006年增加了895.88千公顷、843.14千公顷和623.67千公顷；2005～2009年有效灌溉面积增长率分别为3.14%、3.80%、4.19%、7.95%和5.57%；2009年节水灌溉面积1 995.11千公顷，是2000年的1.58倍，比2005年增长了36.56%。

二是水土流失面积有显著增加，除涝面积变化不大。2009年水土流失治理面积336.91千公顷，是2000年的4.90倍，比2005年增长了59.4%；2009年除涝面积39.52千公顷，仅比2000年增加1.71千公顷，比2006年减少了25.30千公顷。

三是堤防长度和堤防保护耕地面积均稳步增长。2009年堤防长度6 717.55千米，比2000年、2002年和2005年增加了1 588.55千米、1 159.05千米和294.55千米；堤防保护耕地面积从2000年的1 167.00千公顷增加到2009年的1 531.97千公顷，增加了364.97千公顷。

表3－8　2000～2009年新疆农田水利主要效益指标

单位：千公顷，千米

年份	有效灌溉面积	节水灌溉面积	除涝面积	水土流失治理面积	堤防长度	堤防保护耕地面积
2000	3 094.30	1 266.00	37.81	68.78	5 129.00	1 167.00
2001	3 137.90	1 266.00	35.58	81.97	5 309.00	1 169.00
2002	3 053.90	1 279.50	0.60	40.50	5 558.50	1 151.80
2003	3 050.60	1 289.73	36.15	117.51	5 880.93	1 180.00
2004	3 106.64	1 351.00	36.22	169.60	6 286.00	1 280.00
2005	3 204.26	1 461.00	36.42	211.3	6 423.00	1 409.00
2006	3 326.11	1 536.19	64.82	279.14	6 456.47	1 430.51
2007	3 465.40	1 665.20	39.52	292.78	6 576.78	1 449.35
2008	3 741.07	1 765.32	39.52	319.32	6 491.04	1 453.84
2009	3 949.78	1 995.11	39.52	336.91	6 717.55	1 531.97

资料来源：2002～2010年《新疆统计年鉴》。

但新疆农村农田水利设施建设也存在一些问题，如资金来源单一、水利设施老化、建设滞后等。一方面，农村农田水利设施建设资金来源单一，资金来源主要依靠政府部门和农村群众。截至2010年3月底，新疆农田水利基本建设完成投资21.71亿元，占全国农田水利基本建设投资1 351.01亿元的比例仅为1.61%；来源于各级政府资金共计15.13亿元，所占比重达69.50%；来源于农村群众的资金为5.73亿元，所占比重仅26.32%；来源于民营部门和其他渠道的资金0.85亿元，所占比重仅为3.90%①。

另一方面，水库设施建设缓慢、力度不足，水利设施老化。一是水库数量有所减少，水库库容量有所增加。2007年农村水库有367座，分别比2002年和2005年减少了26座和20座；农村水库数量的减少主要表现为小型水库的数量减少，小型水库从2000年的298座减少为2007年的271座，减少了27座；大型水库与中型水库分别从2000年的6座和69座增加到2007年的9座和87座，数量略有增加。农村水库库容量在水库数量减少的同时有所增加，从2000年的39.25亿立方米增加到2007年的53.27亿立方米，增长率35.72%。二是水利设施老化。新疆现有水库多兴建于20世纪六七十年代，经过多年长期运行以及建设施工时的资金不足、技术条件差、施工方式落后等问题，部分水库存在质量和安全隐患，成为病险水库。三是河流控制性水利工程建设的滞后，难以满足农业生产的需要。新疆共有570多条河流，多年平均河川年径流总量879亿立方米，在18条大的河流上，仅和田河、渭干河、特克斯河及喀什河上有控制性工程，大多数河流上尚无控制性水利工程，对于山区降雨、融雪和冰川融水形成的径流无法有效调控，同时造成下游灌区洪、旱灾交替发生，抗灾减灾能力较低。

（3）农村饮水设施建设成效

由于特殊的自然地理环境和经济原因，新疆许多农牧民一直饮用不卫生的涝坝水、河渠水、氟砷超标的浅层地下水。党和国家对新疆各族人民的饮水问题极为关注，采取切实措施解决饮水安全问题。

第一，农村饮水解困工程投资力度不断加大。1996~2000年，共投资12.47亿元，其中国家投资3.87亿元，自治区投资2.32亿元，地县配套1.74亿元，群众自筹4.53亿元；2001~2006年完成投资近10亿元，其中2001~2004年完成投资6.70亿元（其中国家专项资金4.58亿元，地方配套1.8亿元），建成水厂579座，铺设供水管道21 059千米，解决了1 512个村230.47万人的饮水困难及氟砷改水问题；2006年投入1.84亿元资金解决46万农村人口饮水安全问题；2008年，新疆用于农牧区饮水工程建设的资金就达3亿元；2009年新疆农

① 数据来自水利部农田水利基本建设办公室。

村饮水安全工程建设完成投资 6.40 亿元，新建 383 座农村高标准水厂、建成饮水安全工程 464 处、新建水厂 243 座、铺设供水管道 24 283 千米。

第二，饮水条件得到切实改善，农村饮水安全达标人口逐年增加，饮水不达标人口缓慢减少，呈区域性分布特征。2005 年改善了 541.33 万人饮水条件，分别比 2002 年和 2003 年增加 370.72 万人和 321.67 万人；其中氟病区改水受益人数 61.99 万人，分别比 2002 年和 2003 年增加 13.19 万人和 4.62 万人。2007 年新疆农村饮水安全达标人口 626.51 万人，分别比 2005 年和 2006 年增加 300.74 万人和 61.50 万人；饮水基本安全人口为 61.50 万人，与 2005 年相比减少了 153.99 万人；饮水不达标人口为 489.21 万人，分别比 2005 年和 2006 年减少了 85.25 万人和 61.50 万人；2009 年，解决 121 万农牧民饮水安全问题。从区域分布来看，2007 年农村饮水安全未达标人口主要分布在喀什、和田、阿克苏和伊犁地区，这四个地区 299.25 万农村饮水安全未达标人口占新疆比重 61.17%；乌鲁木齐、克拉玛依、哈密和博州地区的农村饮水安全未达标人口较少，表明这几个地区农村饮水安全状况较好。

第三，随着大部分农牧区饮水问题得到解决，农牧民饮水工程重点已由“解困型”转向了“安全型”，但农村饮水问题压力在长期内依然存在。据新疆维吾尔自治区水利厅《新疆“十一五”农村饮水安全工程规划》中数据显示，在“饮水不安全”的 574.45 万人中，饮用水质不达标的人口 398.98 万人，占 69.45%；饮用水量不达标的有 37.11 万人，占 6.46%；用水方便程度不达标的有 100.8 万人，占 17.55%；水源保证率不达标的有 37.56 万人，占 6.54%。按照规划的总体思路，“十一五”期间，新疆将本着“先急后缓、先重后轻”的原则重点解决饮用水水质超标、水源保证率低、生活用水量不足和用水方便程度不达标等问题，包括解决 357 万人的饮水不安全问题，解决氟超标 70.11 万人、苦咸水 90.62 万人、用水方便程度不达标 72.68 万人和未经处理的Ⅳ类及超Ⅳ类地表水 59.55 万人的饮水安全问题，任务仍然较为艰巨。

（4）农村能源基础设施建设成效

能源基础设施承载着为农村提供动力、照明、取暖等所需能源的功能。新疆地域辽阔、人口稀少、地处边陲、民族众多，属于沙漠绿洲地区，均为农村能源设施建设带来诸多困难。近年来在中央和自治区政府的大力支持下，新疆农村能源基础设施得到了显著改善，以下主要从电力、沼气能源设施两方面分析新疆农村能源基础设施建设状况。

在农村电力建设方面，投资力度不断加大，建设进度不断加快，电力建设成效明显，更多农民受到实惠。新疆石油、天然气、煤炭、水能、风能等资源丰富，为电力工业发展提供了得天独厚的条件。一是投资力度不断加大。2007 年，

新疆220千伏电网建设总投资26.20亿元，超过新疆电网“十五”期间总投资规模，创下新疆电网建设投资规模历史之最。2009年，新疆新农村电气化建设项目投资3 670多万元完成了巴州和硕县、塔城地区和丰县的新农村电气化建设，安排2 759万元对伊犁、阿克苏等地州10个乡镇进行新农村电气化建设。二是建设进度加快，令更多农民群众受益。2004年，新疆乡镇通电率达100%；2009年，完成了新疆63个县市、658个无电村的通电任务，解决了2.65万户、10.90万人的用电问题，新疆提前一年完成了“十一五”期间新疆农村电气化建设任务，农村“户户通电”工程提前完成，先后建成2个新农村电气化县、29个新农村电气化乡镇、142个新农村电气化村。三是农村电力建设效益显著。2002年，新疆乡村及村以下办水电站182个，发电能力21 647.05万千瓦；2003年水电站减少为146个，发电量也下降到18 187.82万千瓦，比2002年减少了15.98%；2005年水电站减少到138个，发电量却增加到26 575.78万千瓦，比2002年增加了22.77%。此外，农村用电量明显增加。2002年农村用电量只有28.26亿千瓦时，2004年和2006年分别增加到32.63亿千瓦时和41.16亿千瓦时，分别比上年增长了8.95%和12.86%；2009年农村用电量58.72亿千瓦时，比2008年增长8.98%，分别比2002年、2004年和2006年增长了107.78%、79.96%和42.66%。

在农村沼气设施建设方面，成就显著且建设模式逐渐呈现多样化态势。新疆光热资源丰富，具有发展沼气的优势。一方面，沼气建设成就显著。农村沼气建设项目自2003年起在新疆开始推开，随着项目投入资金的不断增加，2009年全年完成了14.30万户农村沼气建设。截至2009年年底，新疆农村沼气建设已覆盖83个县，年产沼气1.20亿立方米，节能8万多吨标煤，保护荒漠植被500多万亩①，促进农民增收2.50亿元，受益农牧民达90多万人。另一方面，新疆沼气建设模式因地制宜呈现出多样化态势。南疆是以养殖业为基础的“一池三改模式”（改厨、改厕、改圈），北疆是以养殖大户、养殖小区、养殖场为依托建设的大中型沼气集中供气工程，沼气与设施农业结合的沼气温室。2010年有33个沼气集中供气工程建成，同时蔬菜大棚、沼气池、厕所三位一体或再与牲畜圈结合的四位一体的沼气温室也在乌鲁木齐县、特克斯等地区得到大力推广。

（5）农村通信信息基础设施建设成效

通信信息基础设施是农民获取信息的重要渠道，计算机网络和通信技术正在向农业生产和农民生活的各个方面渗透。一方面，通信工程建设取得了一定成就。2003年1月，新疆农村广播和电视的覆盖率超过了90%；2004年，新疆村

① 亩为非法定计量单位，1亩=667平方米。

村通电话工程开始实施，全区已通固定电话行政村 6 785 个；2005 年，新疆新增通电话的行政村 2 786 个、自然村 4 141 个；截至 2009 年，新疆自然村通电话率 81%。另一方面，农村信息平台建设有所加强和完善。2005 年，通宽带行政村 1948 个，累计建成乡镇宽带点 154 个，乡信息站 566 个，村信息点 3 988 个，乡信息库 200 个，村信息栏目 7 135 个；截至 2009 年，新疆乡镇、行政村通宽带率分别达到 99% 和 61%①。为了完善农村信息平台建设，提高农村信息服务能力，新疆维吾尔自治区全面推进信息下乡活动，健全农村信息服务体系，以使越来越多的新疆农牧民充分享受到通信业的发展成果，并且在改进农业生产方式和提升农产品经济效益等方面发挥了积极作用。

3. 3. 2 农村基础设施建设的比较分析

本研究将从中央投资政策、投资主体、基础设施建设成效三方面对新疆和东、西部的部分地区农村基础设施建设现状进行对比分析。

（1）中央投资政策比较

中央政府加大了对西部地区农村基础设施建设投入，对中西部地区政策倾斜力度加大，中央对西部地区的补助政策远远优惠于东部地区。2009 年，国家共安排中央预算内投资 3 亿元，对河北、山西、内蒙古等 25 个省（区、市）和新疆生产建设兵团的水电与农村电气化项目建设进行了支持；中央适当提高了农村饮水安全项目的投资补助比例，对东、中、西部地区分别提高到 33%、60%、80%；同时中央进一步提高了乡村服务网点的补助标准，东部地区每个乡村服务网点中央补助 2. 50 万元，西部地区 4. 50 万元；对于户用沼气，东部地区补助由 800 元提高到 1 000 元，西部地区由 1 000 元提高到 1 500 元；对于大中型沼气工程，西部地区中央补助项目总投资的 45%，总量不超过 200 万元；东部地区中央补助项目总投资的 25%，总量不超过 100 万元。同时进一步提高了西藏、青海等藏区及新疆南疆三地州户用沼气的中央补助标准，新疆南疆三地州户用沼气中央补助标准提高到 2 500 元。

（2）投资主体比较

第一，各地均以自筹资金投资为主。在东、西部各地农村的固定资产投资资金来源中，均呈现出以自筹资金投资为主的趋势，各地自筹资金均大于资金来源的 50%，东部部分地区甚至达到了 90% 以上，如河北高达 92. 57%，海南达到 90. 55%，新疆 2007 年为 83. 59%，2008 年为 70. 38%。第二，新疆来自国家预

① 2009 年数据来源于自治区主席努尔·白克力于 2010 年 1 月 12 日作的《2009 年政府工作报告》，其余年份数据来源于各年的《新疆统计年鉴》。

算内资金较多，利用外资较少。国家预算内资金偏向于对西部地区的投资，西部地区资金来源中平均有 7.11% 来自国家预算内资金，其中青海、西藏两地区最高分别达到 34.96%、24.16%，而东部地区这一比例仅为 1.54%；新疆来自国家预算内资金所占比重为 14.70%，高于东、西部的平均水平。西部地区普遍存在利用外资较少的状况，新疆利用外资仅占投资来源总额的 0.35%，相比而言东部地区利用外资情况较为乐观，如上海、广东接近 10%①。

（3）基础设施建设成效比较

在农村电力设施建设方面，目前新疆 93.80% 的村通电，趋近于全国平均水平，东、西部通电村分别达到 99.80%、96.00%；2008 年年末，东、西部地区已完成农村电网改造的乡镇分别达到 96.80%、67.20%，与此同时，新疆 85% 的乡镇已经完成农村电网改造，其取得的成效低于东部地区，但高于西部地区近 18 个百分点；在农田水利建设方面，东、西部各地区的平均除涝面积分别占耕地面积的 33.32%、2.42%，新疆仅占 0.66%，远远低于东、西部地区；东、西部有效灌溉面积分别占耕地面积的 67.54%、23.58%，新疆占 61.78%，高于全国平均水平 37.35%，比东部地区低了 6 个百分点。在农村公路设施建设方面，东部的水泥路面、柏油路面、砂石路面分别占 44%、16.50%、24.10%，西部分别为 10.60%、4.30%、43.50%，相比而言新疆路面硬化面积不足，只有 1.10% 的乡村公路是水泥路，54.40% 的村依旧是砂石路。同时新疆道路交通安全设施不完备，96.70% 的乡村道路没有路灯，与西部的村级通灯水平 4% 趋于一致，而东部地区主要道路安装路灯的村达到 44.50%，远远高于西部地区。在农村饮水设施和通信信息基础设施建设方面，东、西部地区的平均通自来水率分别达到了 85.48%、61.87%，而新疆达到了 82.49%，高于西部地区的平均水平但低于东部地区；东、西部通电话的村分别占到乡镇的 99.60%、93.80%，而新疆村通电话率只有 81%；从以上数据分析可以看出，新疆农村基础设施建设和维护远远低于全国平均水平，相对东、西部地区仍然存在较明显的差距。

3.3.3　新疆农村基础设施建设存在的问题

近几年，新疆农村基础设施和农业生产条件已有明显改善，但受历史、体制等诸多复杂因素制约，新疆农村基础设施建设仍存在着诸多亟待解决的矛盾和问题，主要表现在以下几个方面：

第一，农村基础设施整体较为薄弱，服务功能有所退化。截至 2009 年年底，

① 数据来源：2009 年《中国统计年鉴》。

新疆农村安全饮水不达标人口550.71万人，仅48.10%的村庄农民饮用水经过集中处理，占新疆农村人口总数的54.30%；新疆仅有26.30%的镇生活污水经过集中处理，绝大部分农村缺乏垃圾收运和处置系统；农村能源建设和农村通信信息设施建设难以满足农民日益增长的需求，沼气覆盖率、行政村通电话率和通宽带率依然偏低；农村基础设施抵御自然灾害的能力较为脆弱。如2007年，天山北部的强降温及降水过程使伊犁河谷的新源县、伊宁县、察布查尔县等多个县市发生洪水，山洪突袭导致600万新渠被毁，仅新源县洪水冲毁桥涵3座、水闸12座、龙口1座、人畜饮水工程管道945米，受淹耕地7 698亩（其中绝收1 500亩），直接经济损失约797.40万元。

第二，资金来源渠道单一，财政支农力度尚显不足。农村基础设施建设需要投入大量的财力、物力和人力，由于农村基础设施建设投资回收期长、效益低，一般民间资本不愿意投入，由此造成新疆农村基础设施建设资金来源渠道单一，主要体现在投资主体单一，未能很好地引导企业和民间资本参与农村基础设施建设。同时囿于地方财力限制，长期以来地方财政对农村及农业支持力度不足。2008年新疆对农村和农业支出为143.16亿元，占财政总支出的13.51%，其比例明显偏低，必然导致新疆农村基础设施供给的匮乏或不足。新疆农村基础设施建设投资的绝对量呈现不断增加的趋势，但占全社会固定资产总投资的比重并不高；新疆固定资产投资完成额中，农村固定资产投资完成额所占比重仅为9.50%，显著偏低。

第三，农村基础设施缺乏管理，重投资而轻维护，效益较为低下。一是重建设资金，轻管理资金。各级财政在农村基础设施投入时只安排了新建基础设施的资金，却没有安排基础设施建成后的后续维护管理的资金。二是重大项目，轻小项目。尽管近年来用于农村基础设施建设的投资增长较快，但大部分资金用于重大水利工程和生态建设等全社会普遍受益的项目，而真正用于改善农民生产生活条件方面的基础设施投入仍然不足，特别是农村小型农田水利建设、水电建设等投入缺口较大。三是设施运行效率低下。公路设施方面，新疆多数农村道路由村委会组织农户筹资进行修建，随意性较强，村内主要道路为砂石路，路面硬化面积远远低于全国平均水平，难以长期发挥投资效益；农田水利设施建设方面，水库设施方面，新疆大部分水库蒸发与渗透较为严重，影响水利设施效用的长期有效发挥。2008年，受灾面积128.68万公顷，分别比2000年和2005年增加了38%和167%，其中水灾面积2.02万公顷，旱灾面积84.07万公顷，分别比2005年和2007年增加了62.99万公顷和56.74万公顷，旱灾面积占2008年受灾面积的比重为65.33%，表明当前新疆农田水利设施建设在减灾抗灾方面任务艰巨。

总的来说，近几年新疆发展得到了国家的大力支持，在各项基础设施投资上都加大了力度，新疆农村基础设施建设尤其是交通运输、水利设施、饮水设施建设和能源设施建设在各级政府的大力支持下取得了较大进展并逐步趋于完善，新疆农村基础设施有效地促进了新疆农村经济的发展，缩小了新疆城乡基础设施之间的差距。但是，也要正视新疆农村基础设施建设面临的严峻问题。目前，新疆农村基础设施的总体水平依然较为落后和薄弱，相当一部分基础设施的总量与规模较小，政府对新疆农村基础设施的投入力度仍然远远不足，许多农业生产基础设施老化失修、设施不配套，道路路面硬化面积不足，道路交通安全设施不完备，农民行路难、吃水难、生产难等问题仍很突出，这些问题不仅制约着新疆农业生产和农民生活水平的提高，而且引致农村抵御大灾大害的能力和对经济发展的承载力相对较弱，难以满足农业发展、农民增收和构建社会主义新农村的需要。

3.4 新疆城乡社会保障服务现状

3.4.1 新疆城乡养老保障制度

3.4.1.1 新疆城乡养老保障制度的历史变迁

（1）新疆城镇养老保障及其制度变迁

在计划经济体制下，我国城镇职工依赖退休前所在的企业或单位实现养老保障。由企业（单位）对退休人员直接管理并支付退休人员的养老金。所需退休金费用筹集模式表现为单一企业的现收现付制，不需要职工个人缴费。改革开放后，新疆城镇职工养老保障制度经历了以下发展历程：

1986～1992年，适应企业改革要求而进行的养老金社会统筹试点。随着经济体制改革的推行，以独立核算、自负盈亏为核心内容的改革全面实施，打破了原有的统收统支格局，传统的养老体系趋于瓦解。面对改革后出现的城镇职工养老问题，国家劳动保障部等相关部门开始在一些地区自发改革的基础上，安排进行养老保险费用的社会统筹试点。试点结果表明，在一定区域内将企业纳入养老保险统筹，可以缓解不同企业之间养老负担不均衡的问题，起到了企业互济的效果。这一试点的意义在于从制度上将职工养老的责任由企业逐步转向社会。1991年6月，国务院在总结试点地区经验和做法的基础上，颁布了《关于企业职工养老保险制度改革的决定》，在全国范围内开始逐步推行养老保险社会统筹。而新疆 1988 年就开始推行国有企业固定职工的养老保险社会统筹，并逐步由县级统筹过渡到地州级统筹。

1993 ~ 2000 年，实行社会统筹与个人账户相结合的新体制。实行养老金社会统筹，在一定程度上解决了统筹区域内企业之间养老负担不均衡的问题。但随着退休人员迅速增加，原有互济性的养老统筹也面临着巨大的养老金支付压力。针对这种情况，1993 年党的十四届三中全会《关于建立社会主义市场经济体制若干问题的决定》，明确提出了进行企业职工养老保险制度改革，建立“社会统筹与个人账户相结合”的新体制，将养老金的筹资模式从现收现付制转变为部分积累制。1995 年，国务院又发布了《关于深化企业职工养老保险制度改革的通知》，开始在全国推行“统账结合”体制。1996 年以来，新疆按照《国务院关于深化企业职工养老保险制度改革的通知》要求，在部分地区开展了城镇企业职工基本养老保险社会统筹与个人账户相结合的改革试点。先后出台了《新疆维吾尔自治区城镇企业职工基本养老保险统筹办法》和《新疆维吾尔自治区城镇私营企业和个体工商户从业人员基本养老保险办法》。1997 年 12 月新疆维吾尔自治区根据国务院发布的《关于建立统一的企业职工基本养老保险制度的决定》的精神，结合新疆实际拟定了《新疆维吾尔自治区城镇企业职工基本养老保险统一办法》。1998 年 8 月，国务院进一步深化企业职工养老保险制度改革，统一养老保险政策，加强基本养老保险基金管理和调剂力度，加快实行养老保险省级统筹的步伐。从 1998 年 9 月 1 日起，新疆维吾尔自治区社会保险经办机构负责收缴行业统筹企业的基本养老保险费和发放离退休人员基本养老金，新疆维吾尔自治区养老保险统筹也从 1999 年 1 月 1 日起正常运行；将国有企业、集体企业、非公有制企业及个体从业人员全部纳入社会统筹，严格了退休审批制度，规范了退休审批程序。

2001 年之后，实施以缩小个人账户规模为主要内容的改革试点。针对养老保险制度存在的问题，2001 年初，国务院决定以不改变“社会统筹与个人账户相结合”的基本体制模式为前提，对养老保险制度实施进一步改革。主要目的是缩小个人账户规模，将过去按职工工资 11% 的筹资比例调整为按职工工资的 8% 筹资，缴费由过去单位（雇主）和个人共同承担改为全部由个人缴费形式，做实个人账户，实现基金的部分积累。2003 年以来，新疆维吾尔自治区又将地方国有农牧企业职工、灵活就业人员、进城从业的农民工、被征地农民、机关事业单位聘用人员及社会组织专职人员纳入基本养老保险统筹范围，并相应统一了缴费率。2005 年年底，国务院下发《关于完善企业职工基本养老保险制度的决定》（国发〔2005〕38 号），其核心内容是改革养老金计发办法，将缴费年限长短、缴费基数高低、退休年龄早晚与养老金待遇紧密挂钩，更好地体现了权利与义务相对应、公平与效率相结合的原则，促进职工积极参保缴费和基金平衡，增强养老保险基金的抗风险能力。

我国城镇企业职工基本养老保险于1951年建立。新疆城镇企业职工养老保险制度改革开始于1986年，经过多次改革，目前新疆城镇企业职工养老保险已经实现了省级统筹，覆盖范围从城镇国有企业扩大到城镇各类企业、个体工商户、灵活就业人员、进城务工的农民工、被征地农民和社会组织专职人员等各类人群。2011年7月1日新疆启动了城镇居民社会养老保险试点工作，实施范围与新型农村社会养老保险（以下简称新农保）试点基本一致。这样，新疆比全国其他省区提前在城乡居民养老保险制度上实现了全覆盖。

（2）新疆农村养老保障及其制度变迁

农村社会养老保险制度是指中国乡镇企业职工、农村非城镇人员、农村村民在年轻时支付一定的劳动所得待年老丧失劳动能力后从国家和社会取得帮助享受养老金以保障衣、食等基本生活需要的一种社会保险制度。相对于城镇职工养老保障而言，农村养老保险起步较晚。新疆农村社会养老保险工作于1991年6月开始启动，历经了以下六个阶段。

调研阶段：在1991～1992年间，民政部先后在山东和江苏两次召开农村社会养老保险试点工作会议，并于1991年批准自治区将乌鲁木齐、米泉、博乐列为全国"农村社会养老保险"试点县市。

试点阶段：1993年5月，自治区政府根据《县级农村社会养老基本方案》（以下简称《基本方案》）制定了《新疆维吾尔自治区建立和实施县级农村社会养老保险制度基本方案》，批准自治区民政厅成立农村养老保障办公室专职负责相关工作，并于同年开始试点。

全面推广阶段：1996年9月，试点结束，转入全面推进阶段。农村养老保险（在2009年之前实施的农村养老保险以下简称老农保）得到大多数农民的欢迎，迅速发展到新疆大部分地州。到1997年年底，当时新疆16个地州（市）中，除克孜勒苏自治州、和田地区、克拉玛依市外，其余13个地州（市）49个县的13.44万农民参加了养老保险，收缴农村养老保险基金6 548.95万元。截至2003年5月底，已到期的857名投保人领取养老金25.7万元，为去世的396名投保人领取本息27.8万元。这期间新疆呼图壁县探索推出了"以养老金缴费证为质押，委托银行贷款"的新方法，即呼图壁模式，这种模式的实施既保证了养老金的保值增值，又解决了广大农民的贷款难问题，成为这一阶段新疆养老工作的亮点。

整顿阶段：1998年国家政府机构改革，农村社会养老保险工作由民政部移交给劳动与社会保障部。此阶段农民参保人数下降，基金运行难度加大，一些地区的农保工作甚至陷入停顿状态。新疆也在 1998 年 4 月暂停办理农村社会养老保险新业务。停办 6 年期间，发生了农民要求退保的上访，有个别县为参保农民办理了退保手续，有关农民保险的机构减少了 23%，专职农保干部减少了 41%，引起参保农民的恐慌，造成一定的不稳定因素。

恢复阶段："十六大"以后，中央逐步加大了解决"三农"问题的力度。在此大背景下，截至 2006 年年底，全国参加农村养老保险的人数为 5 374 万人，全年共有 355 万农民领取了养老金，共计支付养老金 30 亿元，年末农村养老保险基金累计结存 354 亿元。但是新疆农村社会养老保险工作由于多方面因素的影响一直停滞不前，只维持原有规模。

新农保试点阶段：2009 年 12 月 11 日新疆召开了新农保试点工作会议，全区有 13 个县（市）列入全国首批新型农村社会养老保险试点县（市），这标志着新农保试点在新疆全区启动。2011 年 7 月 1 日起，《中华人民共和国社会保险法》正式实施。《社会保险法》在基本制度方面有两大亮点，分别是覆盖全民和统筹城乡，为新疆统筹城乡养老保障制度提供了制度基础和条件。

3.4.1.2 城乡养老保障制度现状

新疆城乡养老保障制度经过几十年的发展，取得了一定进步，但城镇养老保险的发展一直都先于、优于农村，主要表现在养老保障覆盖面、保障水平、财政支持力度、保障模式、制度安排等五方面。

（1）新疆城乡养老保障覆盖面

新疆城镇职工基本养老保障由于制度建立时间较早，自 1986 年以来，经过多年的不断探索和实践，已经形成较为成熟的社会化养老保险制度。

表 3－9　新疆城镇职工基本养老保险参保率

单位：万人,%

年份	城镇参保人数（A）	城镇总人口（B）	参保率（A/B）%
2000	140.34	624.18	22.5
2002	152.07	644.72	23.5
2004	173.76	690.11	25.2
2008	222.17	844.65	26.3
2010	259.67	872.91	29.7

资料来源：《新疆统计年鉴》（2002～2011）。

从表 3－9 可以看出，城镇职工基本养老保险的参保人数每年都在增加，从 2000 年的 140.34 万人增加到 2010 年的 259.67 万人，平均每年以 106.38% 的速度递增。到 2011 年，新疆城镇企业职工养老保险已经实现省级统筹，覆盖范围从城镇国有企业扩大到城镇各类企业、个体工商户、灵活就业人员、进城务工的农民工、被征地农民和社会组织专职人员等各类人群。2011 年 7 月 1 日新疆启动了城镇居民社会养老保险试点工作，新疆城镇非从业居民也纳入社会养老保险制度覆盖范围。截至 2011 年年底，全区参加城镇职工基本养老保险人数为 292 万人，占城镇就业人口的 75.4%，占城镇总人口的 33.5%。参加城镇居民社会养老保险的参保人数为 27.5 万人，达到应参保人数的 29.7%。与此相反，新疆农村养老保障问题则长期得不到应有的关注和政策支持。新农保试点前，农村社会养老保险实际上只是“完全积累制”的老农保，农民参保人数较少，更多的是依赖家庭养老和土地保障，农村社会养老保险的覆盖面很小。2009 年新农保的实施，受到了农牧民的普遍欢迎，在国家政策的支持下试点县市由 2009 年的 13 个增加到 2010 年的 56 个。截至 2011 年 7 月，新农保试点已覆盖新疆 92 个涉农县（区、市），自治区实现新农保全覆盖，惠及了 590 万农牧民，其中 60 周岁及以上 92 万人。截止到 2011 年年底，全区已有 430.59 万农民参加新农保，占到应参保农民总数的 47%，占农村总人口的 32.9%①。

2011 年，城镇居民社会养老保险在新疆试点，这和城镇企业职工养老保险、新农保一起在城乡居民养老保险制度上实现了全覆盖，但真正意义上的全覆盖还有很多工作要做。与城镇养老保险相比，农村养老保险真正意义上的覆盖面仍存在较大差异，因为新农保还处在试点阶段，而且从新农保参保情况看，绝大多数是老年人口，农村年轻人参保人数极少。

（2）城乡养老保障水平

2005 年，新疆城镇退休职工基本养老金水平为月人均 750 元左右，从 2005 年起，自治区连续七年对企业退休人员基本养老金进行了调整，养老金水平由连续调整前的月人均 750 元增加到 2011 年的 1 757 元，2012 年一季度更是达到了 1 978 元，月人均增加 1 200 多元，增加近 1.64 倍②。在 2009 年之前，绝大部分农牧民没有参加老农保，只有很少的社会救济金。在新农保试点后，新疆农牧民已有 82 万 60 周岁以上老人领取养老金，中央财政给农村 60 周岁以上老人每人每月支付 55 元基础养老金，试点县（市）根据自身财政情况适当提高基础养老金标准。目前，克拉玛依市 60 周岁以上的老人，月人均领取的基础养老金为新疆最高标准 300 元（含中央财政 55 元），就算是最高的 300 元也只相当于城镇养老金水平的 15.17%③，可见新疆城乡养老保障水平差距较为悬殊。

① 数据来源：2011 年《新疆统计年鉴新疆》，天山网，http://www.tianshannet.com。

② 数据来源：新疆人力资源和社会养老保障厅，http://www.xjrs.gov.cn。

③ 数据来源：新闻中心——中国网，news.china.com.cn。

（3）新疆城乡养老保障财政支持力度

新疆城镇职工养老保险从一开始实施就由政府强制执行，按照社会统筹和个人账户相结合的原则，规定养老保险费由个人、单位和国家三者共同负担。在2009年之前，老农保资金筹措实际上长期以来主要是农牧民自己的储蓄积累，政府补贴严重不足。至于新农保，资金主要由个人缴费和政府适当补贴组成。政府补贴中国家补贴55元，至于县市财政补贴则由于各地的经济发展水平不同而补贴不同。由于新农保2009年开始试点，数据较难准确核实，就从政府对城乡居民的财政性转移支付收入进行对比。据统计，2008年新疆财政对城镇居民的转移性支付人均达到1 976.5元；对农牧民转移性支付人均仅196.6元，城镇与农村人均转移性支付相差近10倍。2010年新疆财政对城镇居民的转移性支付人均达到2810元；对农牧民转移性支付人均增加到328.9元，人均投入比的倍数虽在缩小，但绝对差距却从1 780元扩大到2 481元①。由此可见，新疆社会保障补助支出严重向城市倾斜。

（4）新疆城乡养老保障模式

新疆城镇实行的是多层次的养老保险体系：第一层次是社会统筹与个人账户相结合的基本养老保险，这是整个养老保险体系的核心；第二层次是企业补充养老保险；第三层次是个人储蓄性养老保险。基本养老保险金是由国家强制性规定缴纳并由省级统筹的，企业年金也是由国家相应政策要求实施的。由此可见，新疆城镇养老保障模式主要是依靠政府补助保障；而新疆农村养老保险，主要是由农民自己缴费，只有在部分经济发展较好的地区才可获得集体的补助，因此，农村养老保险实际上是农民自我储蓄的养老模式。而新疆农牧民收入水平较低的客观现实使得家庭养老、土地保障等成为农牧民养老保障的主要模式。至于2009年新疆开始试点的新农保，是个人缴费、集体补助和政府补贴相结合的保障制度，国家给予参加新农保的农民每人每月55元政府补贴。新农保保障模式是由政府、集体和个人共同负担，看上去和城镇养老保障模式非常相似，但政府在城镇养老保障模式中所起的作用比在农村保障模式中大得多，这一点从政府转移性支付的巨大城乡差别也可以得出相同的结论。

综上所述，随着经济的发展，新疆城乡养老保障水平得到进一步提高，但是农村养老保障制度在社会养老保险覆盖面、社会保障水平以及养老保障模式等方面都与城镇有一定差别。2011年，新疆城镇企业职工养老保险已经实现省级统筹，城镇非从业居民也纳入社会养老保险制度覆盖范围；与城镇养老保险相比，农村养老保险真正意义上的覆盖面仍存在较大差异，从新农保的参保情况看，绝

① 数据来源：2011年《新疆统计年鉴》和《新疆调查年鉴》。

大多数是老年人，农村年轻人参保人数极少。另外新疆社会保障补助支出严重向城市倾斜，城镇养老保障模式主要是政府来保障，农村养老保险主要由农民自己缴费，只有在部分经济发展相对较好的地区才可获得集体补助。新疆城乡二元结构特点、社会保障支出的城市偏好和新疆特殊的历史原因都成为了制约新疆城乡养老保障制度均等化的因素。应结合目前存在的问题，克服各种制约因素，努力缩小城乡居民在养老保障方面的差距。

3.4.2 新疆城乡医疗保障制度现状

3.4.2.1 新疆城镇医疗保障制度

在城市，城镇居民享受的是高标准的基本医疗保险，根据新疆维吾尔自治区政府2009年3月下发《关于进一步完善城镇基本医疗保险和生育保险有关政策的通知》（新政发〔2008〕94号），将进一步完善城镇职工基本医疗保险和生育保险制度，在确保城镇职工基本医疗保险和生育保险基金收支平衡、略有结余的前提下，实现广覆盖、保基本、多层次、可持续的目标。城镇职工参保人员可以根据个人的经济承受能力自主选择参加现行的城镇职工基本医疗保险、城镇居民基本医疗保险、灵活就业人员基本医疗保险、进城务工人员住院医疗保险；进城务工人员还可以选择参加新型农村合作医疗，而灵活就业人员只能选择参加灵活就业人员医保。另外，新疆城镇领取失业保险金期间的失业人员全部纳入城镇灵活就业人员基本医疗保险，领取的医疗补助金改为医疗保险补助金，并享受城镇灵活就业人员基本医疗保险待遇。2011年，新疆城镇居民医疗保险覆盖新疆地区，筹集标准分为成年人和未成年人。成年人的筹集标准是每年180元，个人每年交120元，财政每年补助60元；18岁以下的未成年人筹集标准是每年80元，个人每年交20元，财政每年补助60元①。除此之外，国家还对残疾人、低保人员、困难老人提供财政补贴，个人每年交60元，财政每年补助120元，低收入家庭的学生儿童和残疾家庭的残疾学生儿童也给予一定的特殊补助②。总的来说，新疆城镇已经基本实现了小病及时治疗、慢性病及时防治、大病及时救助的目标。一个保险范围全覆盖、保险体系多层次、资金来源多渠道、管理方式社会化的城镇基本医疗保险体系已初步建立。

3.4.2.2 新疆新型农村合作医疗制度

（1）乡镇及行政村参合数量与地域覆盖率状况

自2002年中共中央、国务院在《关于进一步加强农村卫生工作的决定》中

① 数据来源：新疆维吾尔自治区人力资源与社会保障厅官方网站。

② 数据来源：博州人力资源和社会保障局公告，http：//www. xjboz. lss. gov. cn/structure/index. htm，2009－11－11。

提出各级政府要建立以大病统筹为主的新农合制度后，新疆于2003年7～12月先后在5个试点县启动了试点工作，国家和自治区先后投入29.88亿元用于新疆近10 088个农村基层卫生医疗保健机构基础设施建设和基本医疗设备装备，实施了县级医院标准化建设、中心乡镇卫生院建设和村卫生室标准化建设；为新疆乡镇卫生院增编2 471人，编制人数达到2.2万人，每年财政投入约3.17亿元用于乡镇卫生院人员工资的全额支付，为新疆1.11万名乡村医生提高了财政补助，由原来的每人每年960元提高至每人每年2 400～6 000元①。2004年新疆在13个县（市）开展新农合试点，共筹集农村合作医疗基金4 164万元；截至2006年年底，新疆已有53个试点县推行了新农合制度；截至2009年12月底，全区开展新型农牧区合作医疗的县（市、区）从2006年的53个县增加到89个；从2010年7月1日起，新疆南疆三地州及其他地州边境县、贫困县共43个县市被纳入新农保试点范围；扩大试点后，新疆共有56个县市开展新农保试点。截至2011年年初，新疆全区实施新农合制度的乡镇达到862个，行政村达到8 819个，新疆基本实现了新农合99%的覆盖率，充分体现了新农合在新疆实施的良好效果②。

（2）参合人数以及人口覆盖率情况

2004年新疆13个新农合试点县中的127.49万农牧民参加了新型农牧区合作医疗，参加新农合的人口比例为80.1%，参加合作医疗的农牧民受益率79.2%；截至2009年12月底，新农合覆盖人口1 021万人，比2006年增加了382.73万人；参合人口993.58万人，比上年增加43.28万人，与2006年相比增加了416.86万人；参合率达97.25%，比2006年提高了12.97个百分点；截至2011年6月底，新疆已实现新型农村合作医疗县市全覆盖，农牧民参合人数达1 051.98万人，参合率达到98.68%，说明随着新农合在新疆的推广和实施，参合人数逐年参加，覆盖人口范围更加广泛，目前新疆已经基本实现了新农合的全区覆盖。

（3）新农合资金筹集状况

中央与各级政府对新疆新农合制度推行给予了大力支持，新农合筹集资金逐年大幅度增长。截至2010年2月，新疆历年累计筹集新农合资金36亿元，2009年新农合筹资达到11.47亿元，分别是2004年和2006年的55.29倍和3.68倍；从筹资结构来看，2009年中央财政补助资金41 166万元，与2004年相比增加了131倍；地方财政补助资金51 698.5万元，是2004年的76.93倍；农民个人缴费21 294.78万元，利息及其他收入562.3万元。从人均占有新农合资金来看，

① 数据来源：新疆卫生厅官方网站。

② 数据来源：新疆信息网。

2009年人均占有资金97.71元，分别比2004年和2007年增加了45.06元和21.47元。

从新农合人均筹资标准来看，2008年全面建立新农合制度后，新疆新农合筹资标准提高到年人均不低于100元的标准，按照中央财政、地方财政、个人缴费以4:4:2的比例分担，即中央财政补助40元、地方财政补助40元，个人承担20元（南疆三地州农牧民个人承担10元）；2009年新农合人均筹资标准增加到每年114.9元，分别比2004年和2007年增加了3.13倍和6倍；从2010年起，新疆新农合年人均筹资标准调整到不低于150元，其中中央财政年人均补助60元，地方各级财政补助不低于60元，参合农牧民个人缴费标准调整为30元（南疆三地州农牧民个人缴费标准仍保持10元不变）；2011年6月起，中央政府与地方各级政府财政对新农合补助资金由每人每年120元提高到200元，全区参合农牧民人均筹资标准每人每年不低于230元，表明各级政府对新农合的投入在不断增加，对新疆的新农合发展起到了较大的推动作用①。

表3-10　新疆新农合资金筹集情况

年份	2004	2005	2006	2007	2008	2009
中央财政补助（万元）	313.00	1 185.00	8 421.00	19 527.00	35 934.00	41 166.00
地方财政（万元）	672.06	2 043.76	12 569.33	25 063.76	13 087.82	51 698.50
农牧民个人缴纳（万元）	1 089.98	2 799.58	10 117.41	16 017.03	19 864.33	21 294.78
筹资总额（万元）	2 075.04	10 440.02	31 157.74	60 607.79	68 886.15	114 721.58
人均筹资标准（元）	27.79	22.00	18.47	16.44	102.28	114.90
人均占有资金（元）	52.91	82.08	56.87	76.24	89.25	97.71

资料来源：《新疆维吾尔自治区卫生厅2009年统计资料》。

（4）新农合资金使用情况

新疆新农合总体医疗费用大幅度提高，受益人数不断攀升，参合农民就医经济负担有所减轻，促进了农村基本公共卫生医疗服务资源的利用效率。截至2008年末，历年筹集的22.22亿元新农合资金累计支出了16.57亿元；2008年当年补偿受益846.49万人次，其中住院补偿受益80.55万人次，门诊补偿受益856.31万人次；截至2010年2月，新疆历年新农合基金累计支出27亿余元，占累计筹

① 数据来源：新疆维吾尔自治区卫生厅．关于推进医改、疾病防控、卫生应急和爱国卫生重点工作情况汇报，2011-7-18.

措资金的比例为75%；累计补偿受益3295.22万人次，2008年与2009年受益人次占受益总人次的比例高达74%①。

从住院资金使用来看，2004~2009年共支出住院补偿费用13.92亿元，占补偿费用总额的比重为69.15%，2009年住院补偿费用占住院补偿费用总额的比重为44.89%；从门诊资金使用来看，2004~2009年共支出门诊补偿费用6.21亿元，占补偿费用总额的比重为30.85%。住院补偿费用与门诊补偿费用均呈现快速增长态势，有助于提高农民参与新农合的积极性，从而提高和巩固新农合的覆盖率。从补偿率来看，2009年，门诊费用与住院费用的补偿率均未超过25%，表明现阶段新农合的保障水平较低，农牧民医疗费用负担仍然较重，需要逐步过渡到以"大病为主"或以"大病统筹与门诊统筹兼顾"的补偿模式，增强合作医疗基金的互助共济和抗风险能力。

表3-11　新农合门诊与住院资金的使用情况

年份	门诊情况				住院情况			
	补偿人次	总医药费用（万元）	补偿费用（万元）	补偿率（%）	补偿人次	总医药费用（万元）	补偿费用（万元）	补偿率（%）
2004	56 440	118.01	97.73	82.81	3 411	309.02	112.86	36.52
2005	126 874	1 833.46	1 322.34	72.12	71 907	11 952.52	3 179.19	26.60
2006	4 272 398	11 916.55	5 472.81	45.93	411 075	49 513.01	16 294.55	32.91
2007	6 746 912	33 523.43	8 563.24	25.55	663 487	79 543.54	25 651.87	32.25
2008	8 563 147	92 583.34	15 231.57	16.45	805 467	142 354.67	31 457.81	22.01
2009	10 236 549	125 912.21	31 456.48	24.5	994 562	254 527.24	62 473.29	24.54

资料来源：《新疆维吾尔自治区卫生厅2009年统计资料》。

（5）报销封顶线与报销比例变化情况

各级政府不断增加新农合投入，住院补偿费用与门诊补偿费用均呈现快速增长态势，提高了参合农牧民的受益水平，减轻了参合农牧民的就医经济负担，促进了农村卫生医疗服务资源的利用效率，新农合的保障水平与能力有所增强。2007年新疆乡、村两级卫生医疗机构的次均门诊费用控制标准为：乡镇卫生院35元，村卫生室20~25元；2010年参合农牧民年内门诊就诊次数不限，村级定点医疗机构每人年门诊补偿封顶线为300元，乡镇级定点医疗机构每人年门诊补偿封顶额为500元；乡镇级定点医疗机构的单次门诊费用补偿比例为30%，村级

① 数据来源：《新疆统计年鉴》（2004~2010）。

定点医疗机构单次门诊费用补偿比例为40%；2010年，最高支付限额不低于上年度新疆全区农牧民人均纯收入的6倍，政策性住院费用报销比例要达到60%，比2009年提高了5个百分点；乡镇级、县级、地（州、市）和自治区级定点医疗机构住院补偿比例分别为不低于75%、60%、50%和40%，对同级非定点医疗机构的补偿比例相应降低15个百分点。2010年乡镇级定点医疗机构起付线不高于80元，县级定点医疗机构起付线不高于200元，地（州、市）级、自治区级定点医疗机构起付线分别为350元和500元，县级非定点医疗机构起付线为500元，地（州、市）级和自治区级非定点医疗机构为800元，区外非定点医疗机构不予报销。2011年6月，乡镇级、县级、地（州、市）级定点医疗机构住院补偿比例分别为不低于85%、65%和45%，各统筹地区政策范围内住院补偿比例达到70%，最高支付限额提高到5万元以上，并在全区所有新农合统筹地区全面推行门诊统筹。

（6）新型农村合作医疗项目开展情况

新农合围绕提升乡村卫生资源质量、增强服务能力与保障水平，开展了一系列辅助支持项目，为新农合缓解农民看病难以及提升服务质量提供了强有力的支撑和保障。进一步落实城市卫生技术人员支农政策，建立县级以上公立医院下乡巡回医疗和乡镇卫生院卫生人员驻村巡诊工作机制，为边远偏僻地区的农牧民群众提供上门服务。从2008年起乡村医生的月补助标准由80元提高到200元，对取得执业助理医师及以上资格的乡村医生，月补助标准提高到500元；各地在继续组织实施好国家“万名医师支援农村卫生工程”项目和全区二级以上卫生医疗机构对口支援乡镇卫生院项目的基础上，将二级以上卫生医疗机构对口支援乡镇卫生院工作扩大到全区所有边境县和少数民族自治县，自治区财政按照每人每年1.8万元的标准对下乡人员给予补助；2010年，新疆共建成县级医院标准化建设项目37个，中心乡镇卫生院47个，行政村卫生室260个，社区卫生服务中心42个①。同时，对口支援工作也从以单纯提供医疗服务为重点转变为提高受援医院（卫生院）医疗救治能力和提高医疗服务质量和水平为目标，支援内容扩展到医院（卫生院）管理、学科建设、科研合作、人才培养、信息资源共享、新技术引进等医院（卫生院）建设的各个方面，建立健全城市卫生医疗机构对口支援农村卫生医疗机构的长效工作机制。

从以上分析可以看出，新疆城乡医疗保障水平在逐步提高，数以万计的居民尤其是农民普遍受惠于新的政策。但是深入研究发现，新疆农村合作医疗仍然存在一些问题和困扰，目前新疆新农合筹资主要靠政府财政投入，受政策的影响较

① 数据来源：新疆维吾尔自治区卫生厅官方网站。

大，尚未形成稳定、健全和长效的筹资机制。由于总体筹资水平过低，新疆部分地区为了保证收支平衡，将报销补偿比例定得比较低并设置了较高的起付线和较低的封顶线，造成农民报销补偿的数量非常有限，农民得到的报销补偿资金数额占其医疗费用支出的比例不高。另外，新疆农村医疗还面临着新农合报销手续繁杂、便捷性不足、农牧民健康保健和风险意识薄弱等问题。新疆农村合作医疗制度存在的这些问题，也制约着新疆城乡医疗保障服务均等化的实现。目前，在医保保障水平、医保基金支出以及人均医保水平等方面农村地区和城镇还存在一定差距。新疆城镇医疗保障水平几乎是农村医疗保障水平的 3 倍，而人均水平差距达 10 倍之多；从覆盖面来看，受益于城镇医疗保险的制度改革和新农合的迅速推广，城乡差距不是很大；从医保基金支出来看，2010 年新疆农村合作医疗医保基金支出为 147 033. 69 万元，远高于城镇医疗保险基金支出。这说明农村医疗保障状况已经得到了政府的高度重视，切实做到在提高新疆居民医疗保障水平的基础上缩小城乡医疗保障之间的差距。但新医改要做好农村和城镇居民医疗保障制度的统筹，还需考虑城乡经济发展水平、户籍制度改革和管理机构效率等制约因素。

3. 4. 3 新疆城乡社会救助体系建设现状

2010 年以来，新疆成立了自治区城乡社会救助体系建设领导小组，制定了《自治区城乡社会救助体系建设活动方案》，探索性地开展了社会救助体系建设工作并取得了一定成效。

在最低生活保障方面，截至 2010 年 12 月，新疆全区有 355 115 户、85. 13 万人享受城市低保，累计支出城市低保资金 167 137. 3 万元；城市居民最低生活保障标准为每人每年 176 元，城镇无收入老年居民的生活问题也得到了妥善解决。据初步统计将有 21 万城镇无收入困难老年居民享受生活补贴，其中低保户 11 万人，原国有单位“五七工”10 万人。另外农村最低生活保障工作从 2007 年 7 月 1 日起全面启动，将新疆 129 万农牧民纳入农村最低生活保障，截至 2010 年，全区有 131. 80 万人享受农村低保，累计支出农村低保资金 11. 68 亿元，农村最低生活保障标准为每人每年 827 元，根据每个农户的实际收入实行差额补助，人均月补差标准 83. 03 元①。

在农村“五保”供养水平方面，将农村“五保”供养资金列入财政预算，实行专项管理、专款专用，从制度上堵塞了贪污、挪用、截留的漏洞。同时，进一步加大农村“五保”供养资金投入，逐步提高供养标准，建立了“五保”供

① 数据来源：新疆维吾尔自治区民政厅低保处。

养水平与经济发展和人民群众生活水平同步增长机制。全区共有“五保”对象10.97万人，其中集中供养12 550人，分散供养97 154人，集中供养率11.4%。

在城乡医疗救助方面，建立和完善城乡医疗救助制度，探索医疗救助运行新模式，简化救助程序，推进医疗救助网络化、信息化进程。指导基层认真做好医疗救助与“新农合”和“城镇居民医疗保险”的衔接工作。截至2010年3月底，城市医疗救助11.50万人次，支出资金1 274.15万元，农村医疗救助81.05万人次，支出资金2 103万元①。

在自然灾害救助方面，自治区出台了《自治区自然灾害灾民生活救济实施办法》和《自治区灾区民房恢复重建管理工作制度》，基本建立灾民救助和恢复重建目标管理制度；加强对减灾工作的组织领导，成立了减灾中心筹备领导小组。完成了中央级乌鲁木齐12 000平方米的救灾物资储备库规划建设工作和喀什5 000平方米的救灾物资储备库调研论证工作并已进入国家立项项目；完成全区救灾物资储备库分布、库存情况的调查统计和《自治区2008～2015年救灾物资储备库建设规划》编制工作，上报自治区发改委争取国家立项。修订和完善了《自治区自然灾害救灾应急预案》、《自治区民政厅应对突发性自然灾害四级响应规程》。目前，全区有14个地州、87个县市区政府出台了自治区自然灾害救灾应急预案。

从以上分析可以看出，新疆城乡社会救助水平仍然存在一定差距，尤其是最低生活保障方面，除了低保标准农村地区略高于城镇地区外，在累计资金支出和低保人数方面，农村地区都远远低于城镇地区；但在临时救助方面，城乡救助水平之间的差距有所缓解。此外，在自然灾害救助方面，新疆各级政府也采取了多样并有效的措施，增强了城乡居民抵抗灾害的能力；但新疆对农村社会救助资金还略显不足，农村地区需要救助的人口较多，政府累计资金偏少，平均到农业人口上更是杯水车薪。另外，新疆农村社会救助发放资金与工作维护的资金来源，部分依靠县级财政与乡村积累，难以保障农村工作的稳定持续展开。农村社会救助制度各种规范在政策衔接与组织协调方面也有不足，如低保户与“五保户”政策之间存在重复覆盖与相互冲突。低保对象按年收入标准确定，五保对象依照无法定扶养人、无劳动能力和无生活来源等三个条件界定，两种标准存在交叉；低保户的救助水平只是保障最低生活，而五保供养工作条例中要求“五保供养标准不得低于当地村民的平均生活水平”。再如，政策实施中民政部门管医疗救助，卫生部门管农村合作医疗，实际工作中农民同一事项被多头管理；同样问题还表现在劳动部门管城市社会保障，民政部门管农村社会保障，使新时期越来越多的跨城乡人口无所适从。

① 数据来源：新疆信息网，http：//www.xj.cei.gov.cn/index3.jsp？urltype=news.NewsContentUrl&wbnewsid=48203&wbtreeid=108772010-3-19。

第4章 新疆城乡基本公共服务水平及其差距测度

4.1 新疆城乡基本公共服务水平差距测度的研究方法与数据来源

4.1.1 研究方法

目前，国内关于城乡基本公共服务差距的研究，常用的方法有变异系数法、基准法、熵值法、基尼系数法、洛伦兹曲线法、泰勒指数法等。本研究主要采用变异系数法、基准值法进行研究。

（1）变异系数法

变异系数（Coefficient of Variance，CV）又称为“标准差率”，是一组数的标准差与平均指标的比，常用来衡量一组数据变异程度大小。变异系数可用以下公式表示：

$$CV=\sigma/|\mu|$$

变异系数可以消除度量单位和（或）平均数不同对两组或多组数据变异程度比较的影响。变异系数越小说明这些指标越平均，差距不大，而变异系数大则说明这组数据不平均，数据之间的差距很大（解怡，2010）。通过变异系数可以分析新疆城乡基本公共服务差异以及变化。

因为本研究以新疆为代表对城乡基本公共服务差距进行多指标综合评价，涉及到要为一级指标下各二级指标赋权重；为消除确定权重的人为主观影响，本研究选用客观赋权法中的熵值法来确定各二级指标权重。

（2）结合变异系数和熵值法得出区域差距计算步骤及公式

熵值法计算主要分为以下步骤：

第一步：先对原始数据进行无量纲标准化处理①。结合本研究对象选用全国平均水平为基准进行无量纲化，便于直接观察新疆与其他省份以及与全国平均水平的差距。设有 m 个评价指标和 n 个评价对象的原始数据矩阵 $A=(a_{ij})_{mn}$，其中 a_{ij}为第 i 个待评价基本公共服务的第 j 项指标，$a_{ij}>0$，$0\leqslant i\leqslant m$，$0\leqslant j\leqslant n$。进行无量纲标准化处理后得到 x_{ij}。

正向指标：$x_{ij}=\dfrac{a_{ij}}{M}$

负向指标：$x_{ij}=\dfrac{M}{a_{ij}}$

其中 M 在本研究中为各指标的全国平均水平。

第二步：确定单项指标权重。从单项指标的数值分析，利用熵值法测定每个单项指标对方面指标的影响，重复①～④，通过计算得出各个单项指标对方面指标的权重。

①将各指标同度量化，计算第 j 项指标下第 i 个评价方案指标值的比重 p_{ij}：

$$p_{ij}=\frac{x_{ij}}{\sum_{i=1}^{n}x_{ij}}$$

②计算第 j 项指标的熵值 e_j：

$$e_j=-k\sum_{i=1}^{n}p_{ij}\ln(p_{ij})$$

其中 $k=\dfrac{m}{m-1}>0$，ln 为自然对数，$0\leqslant e_i\leqslant 1$。

③计算第 j 项指标的差异性系数 g_j。

对于给定的 j，x_{ij}的差异性越小，则 e_j 越大；当 x_{ij}全部相等时，则 $e_j=e_{\max}=1$，此时方案的比较，指标 x_{ij}毫无作用；当各方案的指标值相差越大时 e_j 越小，该项指标对于方案比较所起的作用越大。定义差异性系数：

$$g_j=|1-e_j|$$

则当 g_j 越大时，指标越重要。

④定义权数：$w_j=\dfrac{g_j}{\sum_{i=1}^{m}g_i}$

① 无量纲标准化一方面使复杂的实际问题的数理建模合理化，即找全影响因素；另一方面可使计算过程简单化，省去标注单位换算的麻烦。

第三步：确定各个单项指标的熵值即权重之后，利用算数加权法计算各地区基本公共服务水平系数 s_j，s_j 为第 i 个方案的综合评价值。

$$s_j = \sum_{j=1}^{n} w_j x_{ij}$$

然后，结合熵值法得出各指标权重计算变异系数。其中变异系数越大说明各地区城乡基本公共服务差距越大，变异系数越小则差距越小。

$$CV_i = \sigma_{ij} / |\mu_i|$$

其中 $\sigma_{ij} = \sqrt{\sum (s_{ij} - \mu_i)^2 / (n-1)}$，$\mu_i = (\sum s_{ij}) / n$

（3）基准法

基准法又称标杆法，即预先选定一个组织或标准，并将其作为组织或测评对象在一定阶段内要达到的目标，并且可以根据标杆来测度一定时期所处的水平。在对新疆地区城乡基本公共服务水平差距进行测度时，需要测度一下各个地区或省份城乡基本公共服务水平，以有助于测度新疆与其他地区城乡基本公共服务供给水平与差距。

针对本研究的研究对象，将采用全国平均水平为基准；主要运用 Matlab7.0.1 软件编程对熵值法进行计算。

4.1.2 指标选取及说明

指标的选取及各指标权重的确定，对综合评价能否真实反映研究对象的特征具有至关重要的作用。城乡基本公共服务的供给成本可能受历史因素、经济发展水平、社会和自然条件的差异性约束而存在较大差异，从产出角度来分析城乡基本公共服务水平比投入视角分析更客观，也更符合新疆地区的实际情况。从省域间基本公共服务测度指标选定角度分析考虑，为更好地确定今后新疆城乡基本公共服务供给方向，本研究除西部边疆六省外主要选取了基本公共服务供给水平较高的沿海发达地区部分省市，即北京、上海、浙江和广东四个地区。

根据基本公共服务概念、内涵的论述，结合国内相关研究成果，本研究省域间城乡基本公共服务评价指标体系应主要包括基础教育、公共卫生医疗、社会保障、公共基础设施四个方面。从公众享受的基本公共服务水平角度，结合以上指标选择的原则和基本公共服务内涵，如表 4-1 所示，构建了包括 1 个一级指标、4 个二级指标和 26 个三级指标的城乡基本公共服务差距评价指标体系。

4.1.3 数据来源

本章节研究数据均为国家公开数据，主要数据来源如下：①《中国统计年鉴》、

表 4－1　省域间城乡基本公共服务评价指标体系

一级指标	二级指标	三级指标
基本公共服务差距测评体系	基础教育	普通小学生师比 普通初中生师比 普通小学生专任教师专科以上学历人数占比 普通初中生专任教师专科以上学历人数占比 农村和城镇小学专任教师中专科以上学历占比之比 农村和城镇初中专任教师中专科以上学历占比之比 15 岁以上人口文盲半文盲率
	公共卫生与医疗	每千人口卫生机构床位数（张/千人） 每千人口卫生技术人员数（人/千人） 农村改水受益人口比例（%） 农村改厕率（%） 孕产妇死亡率（1/10 万） 法定报告传染病发病率（1/10 万）
	社会保障	人均社会保障补助支出（元/人） 人均抚恤和生活福利费用支出（元/人） 从事卫生、社会保障和社会福利行业的职工人数占总职工人数比 年末参加养老保险的人口数占总人口比重 年末参加失业养老保险的人口数占总人口比重
	公共基础设施	每平方千米铁路营运里程（千米/平方千米） 每平方千米公路营运里程（千米/平方千米） 农民家庭平均每百户电话机拥有量 城市燃气普及率 平均每一邮政所服务面积（平方千米） 农村自来水普及率 农村自来水普及率/城市用水普及率 城镇居民人均生活用电量（千瓦/人）

《中国卫生统计年鉴》、《中国教育统计年鉴》、《中国教育经费统计年鉴》、《中国民政统计年鉴》、《中国劳动与社会保障年鉴》、《中国社会统计年鉴》，以及相关省市统计年鉴（2001～2011 年）。②国家统计局、财政部、教育部、卫生部、国家发改委、民政部、国家发改委西开办等政府部门官方网站。③中国知网、中国经济社会发展统计数据库、中国资讯行数据库、精讯数据库、新浪共享资料网、人大经济论坛等。④各地区政府工作报告、财政预算报告以及省政府门户网站。⑤部分调研数据。

4.2 基础教育发展水平的城乡差距测度

基础教育城乡差距问题是目前基础教育均等化问题中最重要、最受关注的问题。研究新疆地区基础教育城乡差距大小、变动趋势及资源是否合理配置对推进基础教育均等化至关重要。结合问题研究的核心及数据的可得性，选择了城乡生师比、专任教师专科以上比重来分析城乡基础教育差距。

如图 4－1 所示，西部边疆六省份农村普通小学生师比与城镇普通小学生师比相比，比重有所上升。新疆的城乡普通小学生师比大于 1，比值除小于内蒙古外，高于全国平均水平和其他西部四省份，表明城乡差距大于全国平均水平和其他西部四省。新疆农村生师比较低，与边疆民族地区地广人稀、人口分布较为零散、学校规模小且分布较零散有很大关系，其中部分地区居民分散在草原、高山、沙漠腹地和边境线上，这些居民子女义务教育阶段虽然生师比较高，但是主要是学校学生人数和教师人数少，教师规模效应没有发挥。如表 4－2 所示，2009 年西部边疆民族地区省份农村初中、小学校均在校生及专任教师数均小于各地区平均规模水平。其中新疆初中校均在校生数和农村初中校均在校生数均高于全国平均水平、东部发达地区和其他西部五省份，表明新疆城乡初中学生规模较大，教育资源分布相对比较集中，能够较好地发挥规模效应。

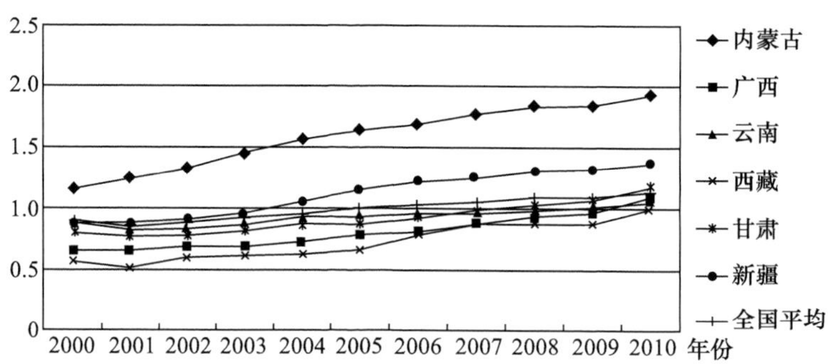

图 4－1　西部边疆民族地区六省份城乡普通小学生师比之比

资料来源：《中国教育统计年鉴》（2000～2009），其中城镇包括城市和县镇，以上数据经笔者计算所得，2010 年数据、历年数据运用时间序列平滑法获得。

表 4－2　2009 年初中、小学校均专任教师及在校生数

单位：人/校

比较项目	全国	北京	内蒙古	上海	浙江	广东	广西	云南	西藏	甘肃	新疆
初中校均在校生数	1 244	1 160	1 310	1 235	1 263	2 008	1 134	1 264	1 573	1 303	2 229
农村初中校均在校生数	844	532	618	780	823	1 401	626	906	1 386	947	1 646
初中校均专任教师数	63	89	72	69	68	77	59	64	93	50	68
农村初中校均专任教师	58	61	66	84	60	67	39	52	63	55	140
小学校均在校生数	359	558	476	894	784	480	306	281	345	200	541
农村小学校均在校生数	242	248	206	501	421	277	236	227	276	150	395
小学校均专任教师数	20	42	37	59	41	23	15	15	21	11	37
农村小学校均专任教师数	14	25	24	24	24	13	12	12	16	9	30

资料来源：《中国教育统计年鉴》（2009）。

结合前文、图 4－2 及相关论述，西部大开发初期的新疆农村与城镇普通小学与初中专任教师中专科以上教师占比之比较小，表明农村普通小学与城镇普通小学专任教师中专科以上学历比重差距较大，农村小学教师师资队伍、学历结构不太合理；而普通初中专任教师中专科以上学历占比城乡差别相对较小，如图 4－3、图 4－4 所示。随着国家实施西部大开发战略以及国家加大农村义务教育经费投入、农村义务教育学费减免等措施全面展开，新疆基础教育城乡差距有所收敛，其中农村普通小学专任教师专科以上学历占比由于起点低而增速较快，师资学历结构得到了有效优化。

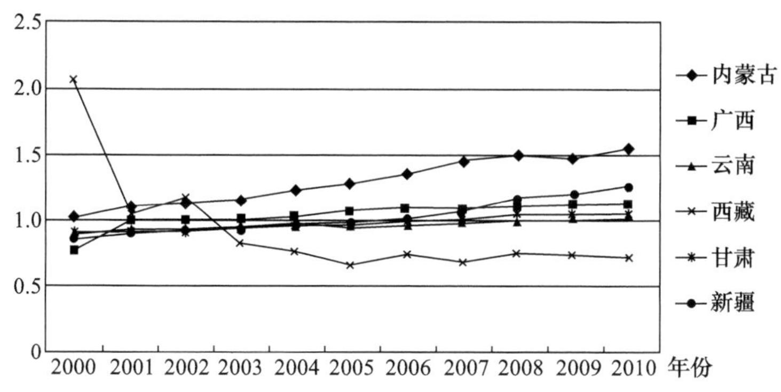

图 4－2　西部六省份城乡普通初中生师比之比

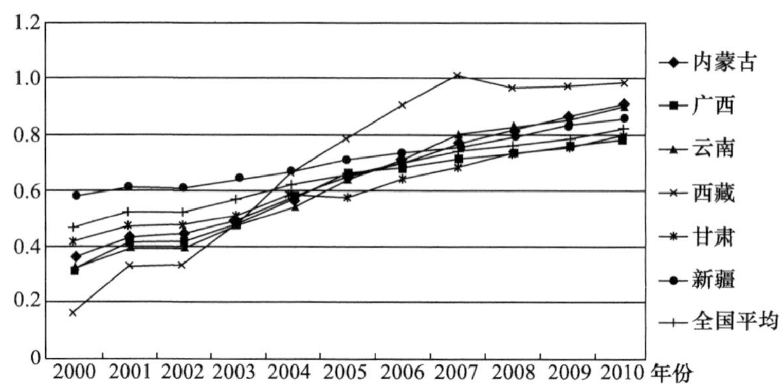

图4-3 城乡小学专任教师专科以上占比之比

总体而言，近年来中央和新疆政府开始加大农村义务教育阶段投资比例、提高硬件建设和生均补贴标准，并采取了城乡互动的师资交流模式，新疆城乡基础教育平均差距开始有所缩小；但新疆在优秀师资方面差距较大，城乡基础教育资源非均等化较为明显。

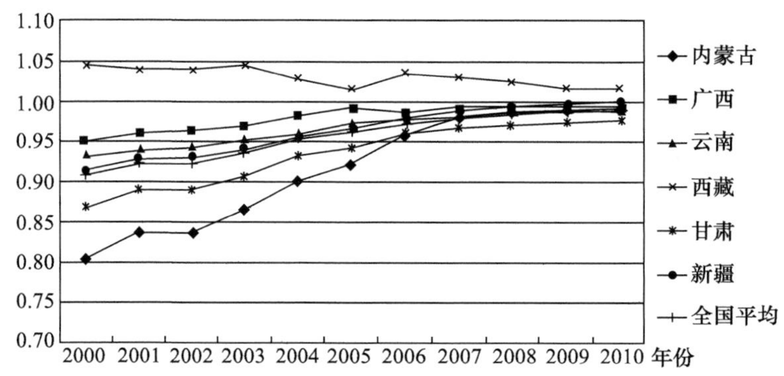

图4-4 城乡初中专任教师专科以上占比之比

4.3 基本公共卫生医疗水平的城乡差距测度

根据基本公共卫生医疗服务均等化的内涵与外延，结合选取指标代表性和数据可得性原则，本研究选取城市与农村每千人口卫生技术人员数之比、城市与农

村每千人口医院卫生院床位数之比①作为基本公共卫生医疗服务的软件与硬件城乡差距水平的衡量指标，分析 2000～2010 年我国西部六省份基本公共卫生医疗的城乡差距及变动情况。

从总体来看，新疆基本公共卫生医疗水平城乡差距较大，硬件水平相差 2 倍多，软件水平相差 5 倍多。新疆的城市与农村每千人口卫生技术人员数之比小于云南和西藏，高于全国平均水平和其他西部四省份；新疆城市与农村每千人口床位数之比在 2004 年以前仅大于内蒙古和全国平均水平，2004 年之后比值趋于下降，表明新疆基本公共卫生医疗的硬件水平与全国和其他西部五省的差距在逐渐缩小；但调研中也发现了新疆大部分农村乡镇卫生院病房破旧狭小、设备简陋老化、人才匮乏等问题。

从时间跨度来分析，2000～2010 年新疆基本公共卫生医疗硬件水平的城乡差距呈收敛趋势，而软件水平的城乡差距则呈扩大趋势，如图 4－5、图 4－6 所示。这也表明今后国家加强新疆地区基本公共卫生医疗水平的重点应该放到人才培养和引进等软件建设上来。结合前文的分析成果，可以得出以下结论：与全国平均水平相比，新疆的基本公共卫生医疗水平接近于全国平均水平；新疆基本公共卫生医疗水平城乡差距依然较大，并且差距大于与发达省份和全国平均水平的区域差距，此外西部大开发以来基本公共卫生医疗城乡差距整体上并没有明显缩小。

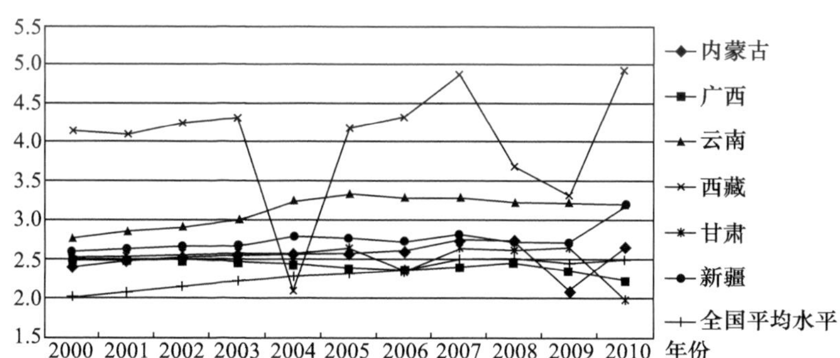

图 4－5　西部六省份城乡每千人口卫生技术人员数之比

资料来源：《中国卫生统计年鉴》（2003～2011）、各省份统计年鉴（2001～2011），经笔者计算所得；2000～2002 年数据通过插值法和时间序列平滑法得出。

① 城市与农村每千人口医院卫生院床位数之比是指统计指标中每千人口医院和卫生院床位数城市部分与每千农业人口乡镇卫生院床位数的比值。

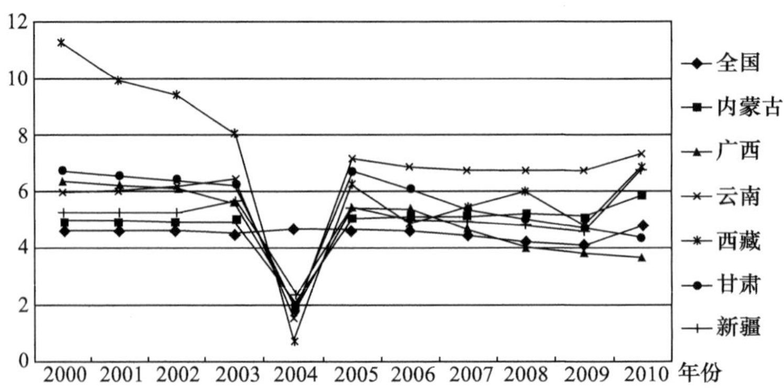

图 4-6 西部六省份城乡每千人口床位数之比①

资料来源：《中国卫生统计年鉴》、《中国统计年鉴》（历年），中国卫生部网站。

4.4 社会保障水平的城乡差距测度

2000～2010 年，新疆的城乡社会保障水平都有所提升，尤其是 2007 年以来国家大力推进社会保障制度改革后，新疆的城乡社会保障水平更是取得了较大的突破。以城乡居民医疗保险为例，2007～2009 年新疆城镇医疗保险和农村新型医疗保险覆盖率②得到大幅度提升，但城乡医保发展水平速度、质量等存在较大差异，新疆城镇医疗保险覆盖率普遍高于全国平均水平和其他西部五省份，而 2007～2009 年农村新农合覆盖率与全国和其他西部五省份的基本全覆盖率相比差距悬殊，平均每年均落后全国和其他西部五省份近 30 个百分点（如表 4-3 所示）。

从人均筹资水平来看，新疆城乡差距较大。当前虽然新疆农村实施了新型农村养老保险，但由于额度太低、60 岁以下农民参与积极性低、部分贫困县无力配套等问题，造成城乡养老保障差距仍比较大。如表 4-4 所示，2009 年，新疆城乡医保人均筹资水平比值和绝对差分别为 14.16 元和 1 162.65 元，除小于西藏外，高于全国平均水平和其他西部五省份；由此可知，新疆社会保障水平城乡差距大于区域差距，是制约新疆地区社会保障实现均等化的关键因素。

---

① 城市 2004 年每千人医院和卫生院床位数出现了较大波动，与 2003 年、2005 年相比差距较大，笔者认为是国家统计局抽查结果的真实数据。

② 农村新型医疗保险覆盖率 = 新型农村医疗保险参保人数/乡村人口总数，数值出现大于 1 的情况，可能因为部分被划为城镇人口的居民参加了农村新型医疗合作保险，比如进城务工人员等。

表 4－3　西部六省份城乡医疗保险覆盖率

单位：%

地　区	城镇医疗保险覆盖率			新农合覆盖率		
	2007 年	2008 年	2009 年	2007 年	2008 年	2009 年
全　国	37.57	52.45	64.42	99.83	113.01	116.86
内蒙古	37.45	49.07	62.28	93.98	101.28	106.45
广　西	20.91	30.92	44.64	92.17	118.93	126.94
云　南	28.07	41.24	49.06	100.41	105.86	109.16
西　藏	24.00	49.93	52.17	116.93	99.24	102.90
甘　肃	54.35	61.80	64.82	97.20	104.82	107.43
新　疆	44.87	77.20	87.79	65.05	73.88	76.49

资料来源：《中国统计年鉴》、《中国卫生统计年鉴》（2008～2011），经笔者计算所得。

表 4－4　西部六省份城乡医保人均筹资水平及差距

单位：元

年份		内蒙古	广西	云南	西藏	甘肃	新疆	全国
2007	城镇	777.24	1 084.67	1 458.91	2 343.75	500.56	1 456.92	992.41
	农村	54.76	45.60	53.20	112.80	52.62	73.40	58.93
	城镇—农村	722.47	1 039.08	1 405.70	2 230.95	447.93	1 383.52	933.48
	城镇/农村	14.19	23.79	27.42	20.78	9.51	19.85	16.84
2008	城镇	612.22	582.38	915.47	1 527.75	591.99	839.77	914.64
	农村	91.85	77.63	89.57	155.96	90.12	102.70	96.25
	城镇—农村	520.36	504.75	825.89	1 371.79	501.88	737.07	818.39
	城镇/农村	6.67	7.50	10.22	9.80	6.57	8.18	9.50
2009	城镇	974.90	917.05	1 284.52	2 756.72	883.11	1 250.96	1 075.59
	农村	114.28	132.95	111.54	168.07	110.44	88.32	132.47
	城镇—农村	860.62	784.10	1 172.97	2 588.65	772.68	1 162.65	943.12
	城镇/农村	8.53	6.90	11.52	16.40	8.00	14.16	8.12

注：“城镇—农村”指城镇医疗保险人均筹资水平与新型农村合作医疗保险人均筹资水平之差，“城镇/农村”指城镇医疗保险人均筹资水平与新型农村合作医疗保险人均筹资水平之比。

资料来源：《中国统计年鉴》、《中国卫生统计年鉴》（2008～2011），经笔者计算所得。

4.5 公共基础设施水平的城乡差距测度

总体而言，西部六省份城乡公共基础设施差距较大，部分省份还存在一些农村没有通电通路、安全饮水没有保障等问题。根据数据可得性和代表性，选取“农民自来水普及率/城镇居民用水普及率”和每百户电话机拥有量之比来代表城乡公共基础设施水平差距。

从自来水普及率来看，新疆城镇用水普及率大都高于农村，部分年份城市自来水普及率达 90% 以上。如图 4-7 所示，整体上新疆城乡安全饮水基础设施差距较大，并且比全国和东部发达地区四省市和其他西部省份的城乡差距平均水平大得多。从动态角度分析，2000~2010 年新疆农村自来水普及率与城市用水普及率之比波动性较强；与全国和发达地区四省市平均增幅相比，新疆的增幅则相对较小，表明内部差距在拉大。从西部边疆民族地区各省份城乡饮水基础设施差距来看，广西、云南、新疆城乡差距相对较小，部分年份比全国平均水平要高；内蒙古、甘肃和西藏差距相对较大，但总体上该三省份城乡差距呈不断收敛趋势，截至 2010 年年末除新疆外其他西部五省份城乡差距均大于全国平均城乡差距。

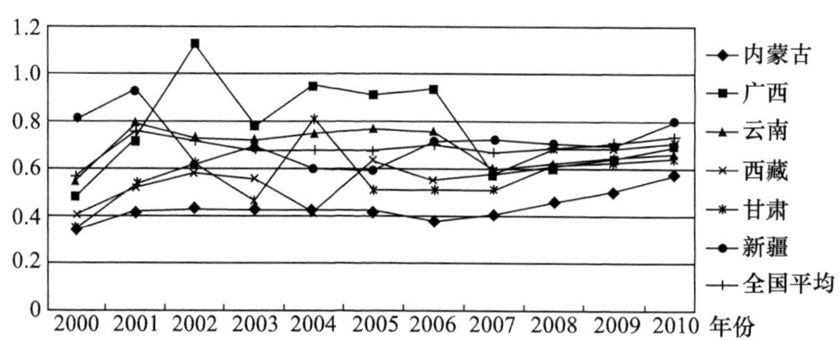

图 4-7 西部六省份城乡自来水普及率差距及变动

城乡居民家庭每百户拥有的电话数差别可以表征城乡通信基础设施建设水平差别。总体而言，新疆城乡通信信息公共基础设施水平存在较大差距，主要表现在电话普及率和网络宽带普及率的差别上。如图 4-8 和图 4-9 所示，2000 年新疆农民家庭每百户电话普及率仅为城镇的 40% 左右；但随着国家“村村通”工程和新农村建设等，农民电话普及率快速提高，2000~2008 年间新疆城乡差距

平均水平有所缩小。2008 年后，西部六省份的城乡居民家庭每百户拥有电话数量差距与全国和东部四省市相比有所拉大，主要是因为移动电话在城乡得到了快速普及，农村用户减少了固定电话的使用，而城镇居民家庭因互联网与固定电话绑定而致使固定电话减少速度相对较慢。

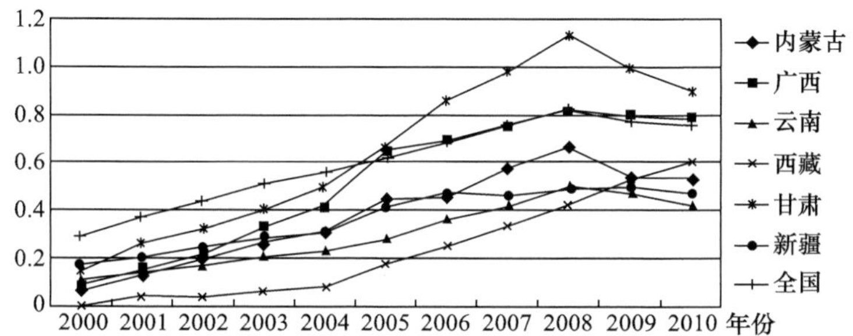

图 4-8　西部六省份城乡每百户家庭电话数比及变动

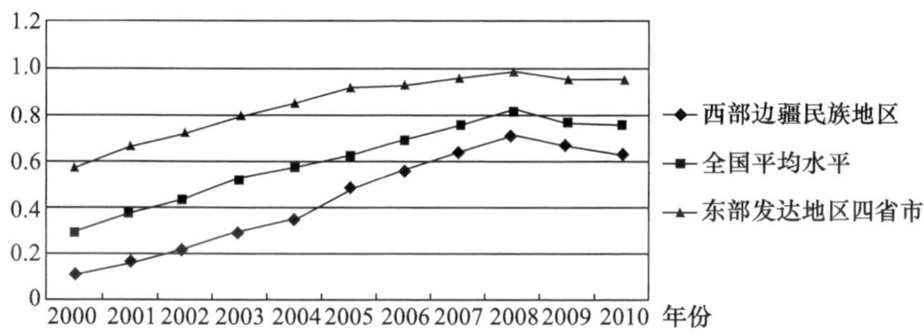

图 4-9　东西区域城乡平均每百户家庭电话数比及变动

综上所述，随着国家实施西部大开发战略、中央对“三农”问题的高度重视、社会主义新农村建设的进一步推进，新疆农村基本公共服务的整体水平得到显著提高，城乡差距在 2000～2010 年呈先扩大后收敛、整体趋于收敛的态势，但整体上差距依然较大，并且该差距大于区域差距。

第5章　新疆城乡公共服务均等化：制约因素与效应分析

5.1　新疆城乡公共服务均等化的制约因素

5.1.1　基本公共服务供给体制改革滞后

滞后的基本公共服务供给体制改革造成的财权和事权不匹配、基层政权财力不足，是造成各地区农村基本公共服务供给不足、城乡基本公共服务差距不断拉大的主要原因。新中国成立后人民公社时期，国家实施的重工业优先发展、以农补工、统购统销、农产品价格剪刀差机制等战略及措施，将大量农业生产剩余转移到城市和工业发展上，在缺乏国家资金支持的条件下，农村基本公共服务供给资金不足，不得不采取制度外筹资为主的基本公共服务供给筹资机制，而同期城市基本公共服务供给主要由国家供给，筹资渠道和供给主体差别最终造成了城乡基本公共服务差距。1978 年改革开放后，农村实施了统分结合的家庭联产承包责任制，虽搞活了农村经济，但由于配套的农村基本公共服务供给体制改革滞后，导致较长时期保持人民公社时期的筹资机制，结果因为筹资环境等发生了较大变化，加之中央和县级以上政府对农村基本公共服务供给职能缺失，导致原有的基本公共服务供给体系瓦解，造成基层政府在基本公共服务供给上财权和事权不匹配，最终导致了基本公共服务供给城乡差距加大。1994 年国家财政体制改革和农村税费改革后，由于没有充分考虑财政制度改革对农村基本公共服务供给制度的影响，导致中央与地方、地方各级政府之间财权和事权不匹配、矛盾冲突加剧等问题更加严重，进一步放大了城乡基本公共服务差距。

滞后的基本公共服务供给体制改革不仅造成了农村与城镇基本公共服务差距

进一步扩大，也导致了城镇基本公共服务供给不足和群体间公共服务不均等。1984年经济体制改革重心由农村转移到城市后，推动了国有企业和公有制经济改革，一方面扩大了改革开放试点城市范围，另一方面允许非公有制经济存在、发展；随着这一系列改革的深入，非公有制经济不断壮大、从业人员也不断增加，国有企业分离出的职工规模也在不断扩大，农民进城务工人员也不断增多，但由于户籍制度及原有城市基本公共服务供给体制没有进行相应变革，这部分群体被排除在原有基本公共服务供给系统外，子女基础教育、基本公共卫生医疗、社会保障、住房、就业保障及服务等问题导致的社会矛盾和摩擦不断激化，群体间由于享受的基本公共服务不同而导致的收入分配差距不断拉大，社会不稳定因素不断增加，社会的公平与正义逐渐受到挑战。而同时由于政府无法承受原有基本公共服务供给体系的财政压力，服务质量有所下降，这也造成了原有体系内城镇居民的不满，这一切迫使政府要改革原有的基本公共服务供给体制。随着社会统筹的医疗保障、社会养老保障、失业和再就业保障等社会保障体系逐步确立，福利化的医疗体制改革、市场化的住房体制改革推进，一定程度上扩大了城市基本公共服务覆盖范围、缓解了供给压力，但城镇居民不同群体间基本公共服务差距依然存在，尤其是农民工群体与具有户籍的城市居民群体之间公共服务差距最大。

5.1.2 二元结构导致城乡利益分化

我国在计划经济体制时期，在制度和管理上把城市与农村截然分开，不论是基础设施的建设还是经济文化的发展，都是一边倒的倾向于城市，形成社会经济“城乡二元结构”分治格局。虽然改革开放以来，随着市场经济体制的确立与完善，逐渐打破了城乡分割局面，但在现实生活中“城乡二元结构”产生的影响依然存在。新疆和全国其他地区一样，为确保城市工业的快速发展以及城市正常的社会秩序，自从20世纪50年代中期后，就人为地实施了城乡分割政策，新疆城乡二元结构主要通过户籍制度、就业制度、财政制度等对城乡公共服务均等化产生影响。第一，户籍制度。城乡二元户籍制度是导致新疆城乡二元经济结构形成和强化的最重要的制度，它与政治、经济、文化、教育等各个方面的权利和利益紧密挂钩。据统计中国农村和城市福利待遇人均相差33万元①。严格的户籍制度导致居民不能平等地享受义务教育、基本公共卫生医疗和社会保障等公共服务。据相关部门的数据显示，2009年新疆农民工为140万人，但城乡二元户籍和

① 数据来源：2011年两会中发布的政府工作报告。

就业制度，使他们享受不到国家的各种福利，子女的教育问题得不到解决，导致绝大多数农民工生活处于无保障的状态，流动的比例和频率很大。第二，财政金融政策的城市倾向性。财政二元制度使新疆财政对农业和农村经济社会发展投入严重不足，2010 年中央政府对新疆城市中小学投入的预算内教育经费分别为 67.3 亿元、102.34 亿元，对农村中小学的预算内教育经费投放为 44.47 亿元、56.99 亿元，分别只有城市的 66% 和 56%①。另外向城市倾斜的公共服务理念使政府对同一种公共服务，在成本分担和服务供给上采取两种截然不同的制度安排。在城市，公共服务的成本主要由财政负担，城市居民基本上可免费获得；在农村，公共服务则主要是由农民以各种税收、各项集资收费等非税方式自我买单②。例如新疆基本医疗保险方面，新疆城市居民能从中获得更多的公共卫生补助，农民享有的公共卫生补助水平仍很低，而且保险制度主要介入的是大病保险，对于基本公共卫生服务的城乡均等化来讲，它并没有直接的作用。同时，将农村按照贫富差距进行分类后，经过统计我们发现，收入水平低的人群参合率以及收益率反而较低，也就是说新农合实施的期望良好，但是实施效果有违其缩小城乡基本公共卫生医疗水平差距的初衷。以上种种现象都说明城乡二元结构是新疆城乡基本公共服务非均等化的关键制约因素。

5.1.3 行政管理体制不健全

首先是政府组织形式特殊且与市场关系不明确。由于新疆特殊的管理体制，在日常行政管理工作中，领导个人拥有较大的权力，在决策的制定过程中往往受个人意志的影响，导致决策缺乏科学性，这直接影响公共服务供给的效率。另外政府的职能不明确，市场发育不健全，政府管的方面过多过细。新疆行政管理体制中仍然保留着浓厚的计划体制的色彩，政府在各个领域都参与管理，尤其是在微观领域管得过多、统得过死。例如，有些地区农耕都需要政府统一安排，农产品统一收购，政府统一定价等五统一的方式，除了农业基层政府对电网调度和远程教育外都统一管理。高度集中的管理体制不仅使公共服务供给总量较低，而且不能使公共服务灵活化和多样化，给农民的生活带来一定的负面影响。

其次是政府监督机制不健全。监督体系对促进政府公共服务供给效率发挥着至关重要的作用。但从目前新疆的情况来看，监督体系仍有进一步完善的空间。以新疆生产建设兵团（以下简称兵团）为例，兵团各级行政领导由党委任命，

① 数据来源：根据《新疆统计年鉴》（2011）计算整理而得。

② 庞力．促进城乡基本公共服务均等化的公共财政制度研究［J］．湖南农业大学学报，2010（6）：70－71.

没有人大、政协等监督机构；兵团本身的自我监督机制也相对较弱，下级对上级的监督更是微乎其微；各级政府的权力难以得到有效制约，结果导致权力滥用，甚至出现以权代法的现象。另外，监督法制不健全。目前，新疆包括全国都只是在法规中定义了政府公共服务职能，但对公共服务的监督标准、政府公共服务供给满足城乡居民的需求程度、供给过程是否存在违规、具体处罚措施等缺少明确的规定。这导致监督的随意性和不科学性，监督主体无法可依。

最后是政府考核体系不科学。新疆特殊的行政管理体制导致政府构成的复杂性，评估政府公共服务职能的机构不统一，缺乏有效性，最终评估结果可信度较低。另外，基本公共服务的指标体系缺乏合理性。政府注重政绩忽视民生，评估结果并不能充分反映公共服务供给的程度。

5.1.4 公共财政制度不完善

新疆公共财政制度不完善主要表现在财政机制和转移支付制度两方面。一方面，财政机制不完善。财政体制主要包括三要素：事权、财权、财力，不同类型的财政体制均由此三要素组合而成①。目前新疆政府与市场关系的不明确，各级政府不能在政府与市场界定的财政职能范围内提供公共产品和服务。另外中央和地方的财权和事权配置不合理，分税制以后地方政府的财权大大减少，新疆地方财政收入占中央财政收入的比重由1993年的3.67%下降到2010年的1.18%；而新疆政府的财政支出所占比重却由1993年的2.29%上升到2010年的10.63%②。巨大的收支缺口难以满足新疆地方政府提供基本公共服务。从财权和财力角度上看，上级政府一般将数额大、较稳定、增收潜力大的税种上收或实行共享，留给下级政府尤其是县乡政府的税收种类数额小、较零散、征收成本高，加之取消“农业四税”导致基层政府提供公共服务的能力进一步减弱，城乡公共服务水平差距进一步扩大。基于效率之上的财政资金分配方式对农业、农村、农民也不利。在2006~2010年间，新疆医疗支出扩大了2.25倍，全国医疗支出扩大了3.09倍；新疆医疗支出占新疆GDP的比重仅增加了0.24%，而全国医疗支出占GDP的比重增加了0.36%，另外新疆基本公共卫生医疗支出占全国的比例也一直在下降，从2.96%下降到2.16%③。

另一方面，转移支付制度不完善。财政转移支付制度本身存在缺陷是地区间

---

① 唐瑶．城乡基本公共服务均等化问题研究［J］．郑州大学学报，2010（6）：32-34.

② 数据来源：根据《中国统计年鉴》（2011）、《新疆统计年鉴》（2011）相关数据计算而得。

③ 数据来源：根据《新疆统计年鉴》（2007~2010）、《中国统计年鉴》（2007~2010）计算整理而得。

公共服务水平不均衡且差距扩大的重要原因。目前，新疆的财政转移支付主要包括财力性转移支付、专项转移支付、税收返还以及体制补助等几种方式。从总体上看，中央对新疆转移支付规模不断扩大，2000 年为 119.35 亿元，2010 年达到了 1 125 亿元，增长了 8.42 倍，年均增长 30%。省级以上财政转移支付在均衡省、市、县财力的效果也明显增强，转移支付结构也趋于合理。但从具体数据分析来看，转移支付结构中返还性收入增长过快。一般性转移支付的均衡性最强，专项转移支付效果次之，返还性收入最差。2005～2010 年，省级转移支付结构中返还性收入增长最快，其增速是一般性转移支付和专项转移支付的 2.5 倍①。但经研究发现，与人均一般预算收入和专项转移收入的基尼系数相比，返还性转移支付后人均收入出现了增加的趋势。所以从绩效看，快速增长的返还性收入加剧了省级、市级和县级财力的不均衡性，进而制约城乡公共服务均等化的实现。

5.1.5 村级“一事一议”民主决策工作难以有效展开

农村“一事一议”是村民为兴办直接受益的集体生产、生活设施及公益事业，经民主程序确定的出资出劳的行为，是筹集村级公益事业建设资金和劳务合理合法的有效途径。但目前新疆农村“一事一议”制度还存在知晓面窄、使用率低、程序不规范、效果不明显等现象，全面推行还存在诸多障碍。一是新疆属于多民族聚居地区，各族农民平均受教育年限不足 7 年，村民文化程度低导致对“一事一议”制度的运作程序和重要性认识不足。2009 年，我国农民平均受教育年限不足 7 年；农村劳动力中小学文化程度和文盲半文盲占 40.31%，初中文化程度占 48.07%，高中以上文化程度仅占 11.62%。而边疆少数民族地区各族农民平均受教育年限又低于全国平均水平，农村劳动力中，小学文化程度和文盲半文盲、初中文化程度所占比例低于全国。二是各级部门重视程度不足。县减负办侧重于对“一事一议”程序规范性的审核，乡镇侧重于审批，农经站侧重于资料的把关，村级组织侧重于议事的结果。同时部分乡镇认为“一事一议”筹资筹劳是村民自治范畴内的事，村委会上报才审批。部分村通过“一事一议”的形式对农村基础设施建设进行筹资筹劳，却未按规范程序运作。三是实际操作中存在诸多困难。新疆地处祖国西部边陲的少数民族地区，地广人稀而又居住分散，交通、通信不畅，使得有些农牧民对“一事一议”接受速度慢、程度低，有的甚至产生抵触行为。同时召集会议难度大，截至 2008 年年底，新疆 1 237 个村没有办公场所，在危房和简易房中办公的村有 1 788 个，这些问题的存在都将

① 数据来源：国库统计收支年报。

影响农村“一事一议”工作的有效开展。

5.2　新疆城乡公共服务均等化的约束条件

城乡和谐发展关系着和谐社会建设和城乡一体化的实现，在中央政府的领导和新疆各级政府的积极配合下，新疆农民的生产和生活水平在不断改善，但与快速发展的城镇相比，仍然存在一定的差距，而且在某些方面差距呈现逐步扩大的趋势。本小节主要从经济发展水平制约、地方政府财力制约、政府供给的城市偏好与财政支出结构制约、特殊地理自然环境及人文环境制约、发展起点较低及历史欠账制约几方面来阐述制约新疆城乡公共服务均等化实现的约束条件。

5.2.1　经济发展水平制约

经济发展相对落后是新疆与发达地区城乡基本公共服务存在差距的最核心原因。在长期的非均衡发展战略、重工业优先的产业选择偏向、东部沿海优先发展的区域选择偏向、城市优先发展的城乡投入偏向的战略导向下，新疆区域之间、城乡之间经济发展水平、基本公共服务水平在起点不均衡基础上出现了过程和结果的不均衡。城乡一体化是经济社会发展到一定程度的必然结果，尽管在具备城乡一体化起步条件的前提下，经济发展水平不是能否实现城乡一体化的必要因素，却是重要的影响因素。新疆近 5 年来 GDP 在全国 31 个省份（不包括港澳地区）中一直排在第 25 位，处于全国落后水平，2009 年新疆 GDP 总量为 4 277.05 亿元、人均 GDP 为 19 942 元；而同期国内各省平均 GDP 总量（10 984.09 亿元）是新疆的 2.6 倍，国内人均 GDP（25 575 元）是新疆的 1.3 倍；东部 9 省 2009 年平均 GDP 总量为 19 147.8 亿元，相当于新疆的 5 倍，东部 9 省人均 GDP (45 401.44 元)相当于新疆的 2.5 倍。新疆经济水平远远落后于全国平均水平，新疆城乡之间经济发展还存在着很大的差异，特别是农村的经济发展滞后，无疑都将在很大程度上制约新疆城乡一体化的推进。

如图 5 - 1 所示，经济发展水平、财政投入和财政支出大小与基本公共服务水平存在正相关关系。从全国 31 个省份 2000 ~ 2010 年基本公共服务综合水平与各省份 2000 ~ 2010 年平均人均 GDP① 的散点图可以看出，基本公共服务综合水

① 人均 GDP 是衡量一个地区经济发展水平的标志性常用指标。

平与人均 GDP 呈正相关关系，也就是说各省份基本公共服务综合水平与各地区经济发展水平存在正相关关系。基本公共服务综合水平排序中人均 GDP 水平较高的北京、上海、浙江、广东等东部发达省份的基本公共服务综合排名比较靠前，而人均 GDP 水平较低的西部六省份中新疆、内蒙古、西藏、云南、广西和甘肃排名相对比较落后。除基本公共服务水平与人均 GDP 呈正相关外，不同区域人均 GDP 差距与基本公共服务综合水平差距也呈正相关关系，即各地区经济发展差距与各地区基本公共服务水平差距呈正相关关系，如图 5－2 所示①。

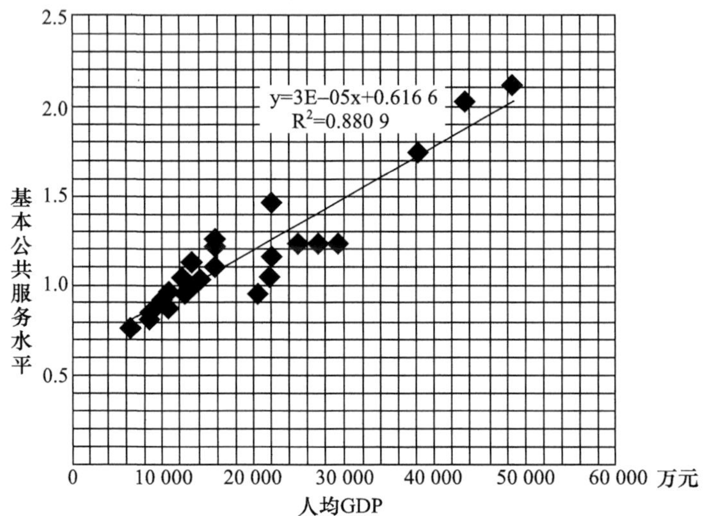

图 5－1　基本公共服务水平与人均 GDP 的关系

从城乡居民收入差距来看，虽然农民的收入在不断增加，但新疆地区的农民收入增长缓慢，城乡居民的收入差异绝对值（即城市居民人均可支配收入与农村人均纯收入之差）不断增大。1990 年以前新疆城乡居民收入差距较小，新疆城乡居民收入差异绝对值为 200 元；之后城乡居民收入差异则逐渐增大，绝对差异由 631 元扩大到 2010 年的 8 995 元，绝对差额竟然扩大了近 15 倍。而且还因为数据的统计口径不同，农民的收入为其实际纯收入，而城乡居民的收入中还不包

① 图 5－1 中数据为 2000～2010 年基本公共服务综合水平均值，人均 GDP 为全国 31 个省份（不包括港澳台地区）2000～2010 年人均 GDP 均值，数据为《中国统计年鉴》（2001～2011）相关数据经笔者计算所得；图 5－2 中基本公共服务差距值 =（东部发达地区四省市 2000～2010 年各年基本公共服务综合水平均值/西部边疆民族地区相应各年六省份基本公共服务综合水平均值）－1，东部发达地区与西部边疆民族地区人均 GDP 差距数据 =（2000～2010 年东部发达地区四省份各年人均 GDP 均值/西部边疆民族地区六省份相应各年人均 GDP 均值）－1，以下基本公共服务水平与人均财政收入、基本公共服务水平与人均财政收出的数据计算与此同。

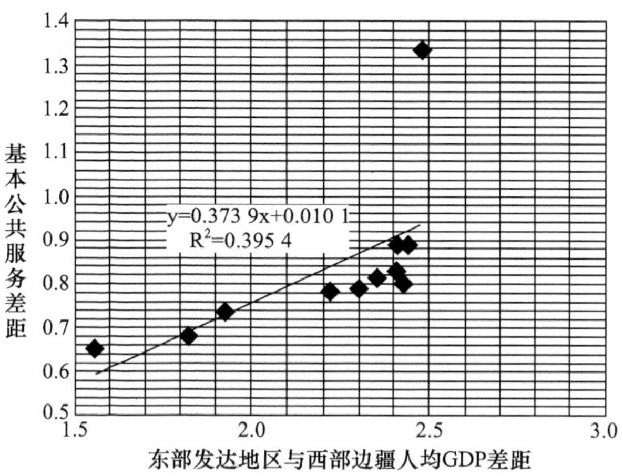

图5-2 基本公共服务差距与人均 GDP 差距的关系

括因各种社会福利而形成的隐性收入。目前城镇居民享受的卫生、教育、医疗等隐性福利的各项补贴，以及其他社会保险远远高于农民，城乡居民实际收入差距实际上将会比统计数据更大。

从新疆城乡居民的消费差距来看，由于农民收入水平低，农村消费市场呈萎缩趋势。从消费市场来看，2010 年新疆城市消费总额为 1 181.27 亿元，而农村消费总额仅为 143.21 亿元，是全国城乡消费水平差距最大的西部省份之一；农民消费结构水平落后城市 15 年之多；2/3 的农民所占消费品市场份额还不到总体消费的 1/6，而 1/3 的城镇居民却占据新疆 5/6 以上的消费品市场，各种产品在狭小的城镇市场展开激烈竞争，而潜力巨大的农村市场却始终乏人问津。均等化是指公民享有基本公共服务结果大致相等，更重要的是均等化最终要体现在不同人群最终消费率的均等化。城乡居民消费的巨大差距不仅反映了城乡居民生活水平的差距，也给城乡经济的协调发展带来不利影响，阻碍着城乡公共服务均等化的实现。

5.2.2 地方政府财力制约

地方政府财力是衡量某一地方政府为公共服务提供资金能力的重要指标，新疆地方政府财力不足也是制约新疆城乡公共服务均等化和推进城乡一体化建设的首要因素。2009 年，新疆地方政府财政一般预算收入 388.78 亿元，在全国 32 个省市中排名第 26 位，仅相当于全国平均水平（2 037.66 亿元）的 1/5；地方政府财政收入主要包括税收收入和非税收收入，2009 年新疆税收收入仅 301.13 亿元，仅相当于全国平均水平的 18.4%；相比 2009 年新疆财政总支出 1 474.1 亿元，新疆 493.1 亿元的地方财政收入更显得捉襟见肘。当前全国人均财政预算收入为 6 201.6 元，而新疆仅为 2 295.3 元。地方政府财政收入来源一般来说主要包括地方税收和其他相关事业性收费，2010 年新疆地方税收收入只有 416.23 亿元，排在全国 32 个省、自治区和直辖市中的第 26 位，而 2010 年新疆维吾尔自治区的地方财政总支出为 1 699 亿元，严重的政府赤字也进一步阻碍了新疆社会经济的持续健康发展。

不均衡的收入和支出能力是形成区域、城乡基本公共服务差距的直接原因。如图 5－3、图 5－4 所示，除基本公共服务水平与人均 GDP、基本公共服务水平区域差距与人均 GDP 区域差距呈正相关关系，基本公共服务水平与人均财政收入、基本公共服务水平区域差距与人均财政收入区域差距也呈正相关关系。如图 5－4 所示，东部发达地区与以新疆为代表的西部边疆民族地区人均财政收入水平差距依然很大，2000～2010 年间两地区人均财政收入水平相差最少 14 倍以上，最大超过 24 倍，这也是两地区基本公共服务水平绝对差距不断拉大的关键原因。

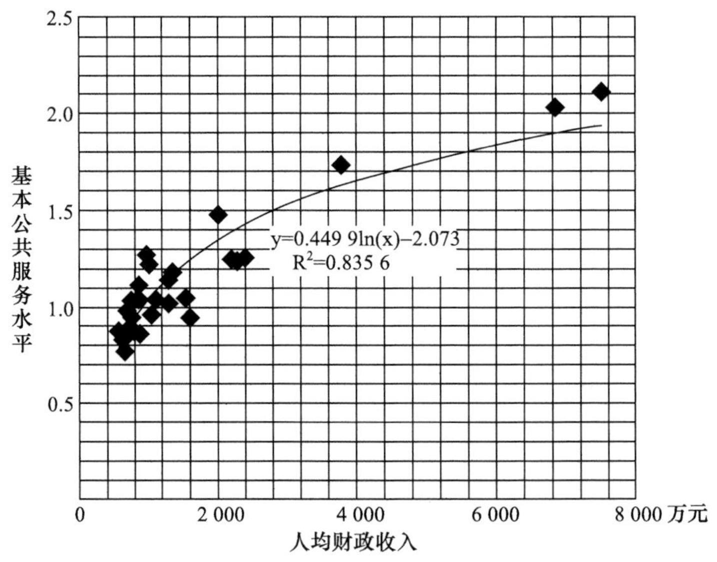

图 5－3　基本公共服务水平与人均财政收入关系

与人均财政收入相比，新疆人均财政支出与东部发达地区人均财政支出之比及差距相对较小，2000～2010 年最大相差 8 倍左右。这主要归因于中央财政基于协调区域发展、防止区域经济社会发展差距过分扩大而实施的对新疆地区的扶持和补助，主要是通过一般性财政转移支付和专项性财政转移支付等方式。中央财

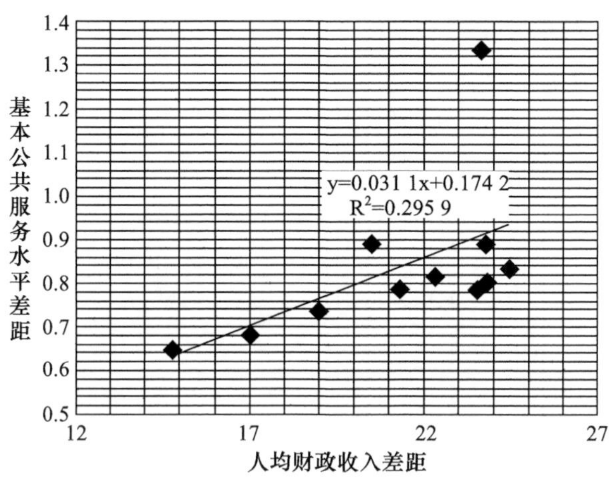

图5-4 基本公共服务水平差距与人均财政收入差距关系

政转移支付占到西部边疆民族地区财政支出的绝大部分，例如，近年来西藏地方财政支出的90%来自中央财政支出，甘肃也达到了70%以上，这些西部偏向的国家财政转移支付对推动地方经济增长、抑制区域差距拉大起到了一定的积极作用，但并没有从根本上改变绝对差距不断扩大的局面，因此培育内生型的自我发展能力、加快经济发展以缩小区域差距对于新疆地区显得非常重要。

从图5-5与图5-6可知，基本公共服务水平与人均财政支出规模也呈正相

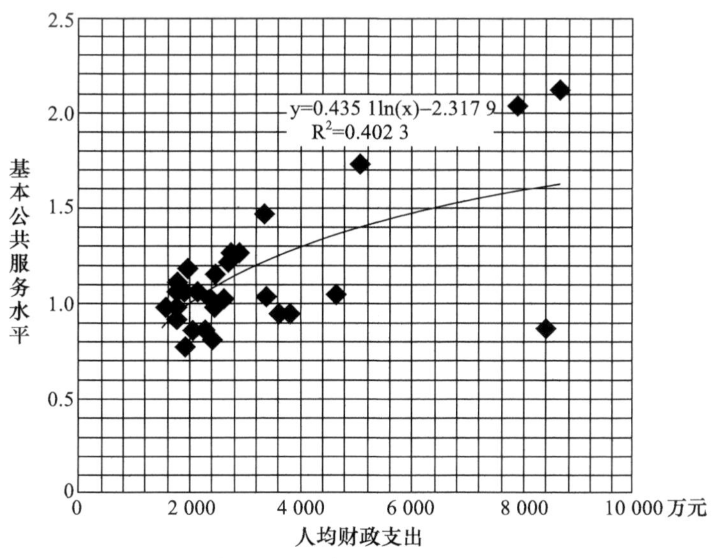

图5-5 基本公共服务水平与人均财政支出关系

关关系，并且新疆与东部发达地区四省市基本公共服务水平差距与人均财政支出差距也呈正相关关系，与基本公共服务水平和人均财政收入关系相比，两者影响更为直接，因为两者拟合曲线的斜率值大于基本公共服务水平与人均财政收入而产生的影响。

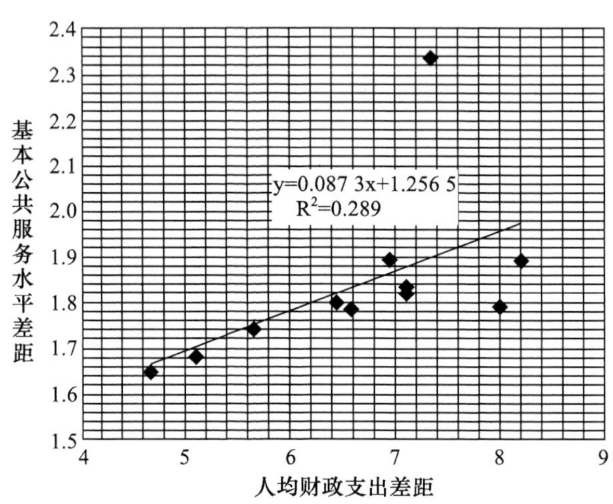

图 5－6　基本公共服务水平差距与人均财政支出差距关系

5.2.3　政府供给的城市偏好与财政支出结构制约

西方民主政体在一定程度上有助于公众通过投票决定政府任免进而表达其基本公共服务的需求偏好、监督供给责任与供给效率。而中国基层公众缺失以各地方政府任免、晋升等决策权，造成基本公共服务供给决策“由上到下”的政府城市偏好的供给主导模式，形成公共服务供给的城乡非均衡性。政府偏好影响财政支出结构，地方政府出于政绩、晋升、招商引资等因素考虑，存在 GDP 最大化动机，会偏向将财政支出投向公共投资而非效果相对滞后的教育、卫生和社会保障等基本公共服务；欠发达地区仍属于“吃饭财政”，只能维持较低的基本公共服务供给水平；较低的基本公共服务水平将使招商引资处于被动和劣势地位，进而产生强者愈强、弱者愈弱的“马太效应”，这也是导致新疆与东部经济发达地区城乡基本公共服务水平差距不断拉大的主要原因。从新疆城乡财政支出差异来看，国家和新疆维吾尔自治区政府对于城市的投入远远超过农村。2010 年新疆财政支出总额为 1 885. 6 亿元，其中城镇财政支出占总支出的 89%，而农村财政支出所占比重仅为 244. 2 亿元，占总支出的 11%。而城镇居民人数仅占新疆总人口的61%，相比之下城乡人均财政支出比相差近3倍。从新疆城乡投资公共基础设施建设的差距来看，2010年新疆全社会固定资产投资为3 540亿元，其中城镇为3 182亿元，占全社会投资的89.9%；而农村仅有358亿元，占全社会投资的10.1%，所占比重比全国平均水平14.2%还低4个百分点。这种重城镇、轻农村的公共基础设施投入机制，严重制约了农村基础设施的建设步伐，成为城乡公共服务均等化的“瓶颈”因素，这种严重倾向于城市的发展方式也将严重阻碍了城乡公共服务均等化的进程。

在同等投入的情况下，农村供给的公共服务数量要远远低于城市；农村公共服务投入产出效率低的直接后果是促使政府形成财政投入政绩更加明显的城市偏好。新疆城乡公共服务供给严重失调，并且城乡各种公共资源的分布与配置很不均衡，公共资源主要集中在城市，农村特别是偏远地区公共资源较缺乏。在教育方面，新疆农村普通小学、初中、高中人均教育经费投入分别仅相当于城镇的59.27%、50.63%和2.23%。在医疗卫生方面，截至2009年年底，新疆城镇每万人拥有的卫生技术人员数与每万人拥有病床数分别是农村的10倍和7倍；城镇80%以上的医疗卫生机构服务了40%的人口，而乡村以不足20%的医疗机构数量服务60%的农村人口；在社会保障方面，农村在覆盖率与保障水平方面都明显低于城市。2009年，农村只有不到8%的农民能享受到传统的五保供养待遇，实际参加新型农村合作医疗的农民只占农村人口的68.53%①。由此可见，目前新疆公共资源投入和支出结构不仅没有成为弥合城乡差别的黏合剂，其所造成的城乡公共资源配置不公平反而成了加剧城乡分化的助推器，阻碍了新疆城乡一体化建设的进程。“十二五”期间，新疆政府对民生非常重视，开创了民生为重的新时代；不可低估新疆多年来在公共服务事业方面的发展成果，但也不可忽视发展失衡所带来的严重社会问题和社会矛盾的尖锐化，更不能低估新时期新疆民生全面升级所带来的严峻挑战。

5.2.4 特殊地理自然环境及人文环境制约

特殊地理自然环境及人文环境因素造成新疆基本公共产品供给成本偏高、规模效益较低。公共服务成本是影响公共服务投入产出效率的一个重要因素，越是边远、经济越落后的地区，公共服务供给成本越高，缺口越大②。第一，表现在新疆各地区域广袤、人均居住面积大、居住分散。以新疆喀什地区为例，新疆喀什的地域面积是11.18万平方千米，该地区下辖一个县级市、10个县和1个自治

① 以上数据均来源于2007~2010年《新疆统计年鉴》。

② 张玉玲．从和谐视角看公共服务均等化——访贾康［N］．光明日报，2006-11-23.

县，各县市距离医疗水平比较高的喀什市距离遥远，如巴楚县和喀什相距300多千米，这种人口分布的二元差异造成新疆地区城乡公共服务的服务半径、服务范围差异悬殊。第二，表现在生态环境承载力制约，自然条件和现有基础的限制，使得新疆公共服务项目建设的难度大、成本高，而且效率较低。新疆地广人稀、居住分散，地理环境复杂，分布着大面积的高原、冰川、贫瘠山地、峡谷、戈壁、荒漠、沙漠；同时气候、自然生态环境相对恶劣，是地震、沙尘暴、泥石流、雪灾等自然灾害的多发区，基本公共服务供给、运行与维护的行政成本非常高。2011年新疆共发生74次冰雹灾害，遍及10地（州、市）19个县市，出现频次居近30年首位，其中5月和6月冰雹灾害发生频次最高，分别出现26县次和27县次。冰雹造成极为严重的灾害，直接经济损失为近30年最重，农作物受灾面积为近30年最多①。第三，表现在特殊的人文环境制约。新疆人文环境和社会环境比较特殊，少数民族人口聚居，民族风俗习惯、传统文化多元化，语言文字多样化，宗教信仰复杂化，从而决定了新疆城乡居民需求的基本公共服务内容与东中部地区相比具有特殊性，差异较大，对经费和人力资源投入的需求更大；此外，该地区边境线比较长，战略位置重要，社会维稳成本比较高；以上因素均决定了新疆地区基本公共服务供给的成本较高，与东部地区同样的投入产出则相对较小，在投入相对不足的条件下与东部发达地区差距不断拉大在所难免。

5.2.5 发展起点较低及历史欠账制约

新疆城乡基本公共服务水平在新中国成立初期就与东部发达地区存在较大差距，比如北京、上海、广州和浙江等地区分别是中国的政治、经济和文化中心，新中国成立前城市道路交通、用电用水、教育医疗、环境卫生等水平就高于新疆地区；而同期的新疆还处于封建社会，基础教育、卫生医疗等条件比较差，道路交通建设也相对落后，属于先天不足；新中国成立后，随着新疆经济社会的发展以及国家不断加大的投资，城乡基本公共服务水平出现了较大的提高，居民的生产生活条件也得到大幅改善，但与基础条件较好的东部地区相比，由于经济发展水平较低，投入到基本公共服务的资金也相对较少，导致差距进一步拉大；此后，随着国家实施三步走、沿海地区优先发展等战略，东部原本基础条件较好的地区经济快速发展起来。如前文所述，经济发展水平与基本公共服务水平呈正相关关系，本来处于基本公共服务水平相对落后的新疆与东部发达地区相比差距会更大；自新中国成立以来，新疆基本公共服务无论起点还是历史积累投资都处于

① 中国新闻网，http：//news.sohu.com/20120112/n332031045.shtml，2012-01-12。

落后状态，以上各种制约均导致了当前新疆与东部发达地区城乡基本公共服务水平的差距。

5.3 新疆城乡公共服务非均等化的效应分析

城乡公共服务的非均等供给给城乡经济社会发展带来众多的负面效应，不仅使城乡差距进一步扩大，而且使新疆各民族矛盾进一步加剧，不利于新疆经济社会的长期可持续发展与和谐社会的建设。

5.3.1 新疆城乡公共服务非均等化对新疆经济与社会协调发展的影响

新疆城乡公共服务的巨大差距、财政资源使用效率低下、农村消费需求低迷、资源配置不合理，不利于缩小新疆与发达地区、农村与城市地区的发展差距，不利于新疆经济与社会的协调发展。首先，城乡公共服务非均等化不利于经济增长。例如，没有良好的水利设施，灌溉成本就会增加，没有良好的交通设施，运输成本就会增加。据测算，生产性公共服务供给对农业总产值产出弹性系数为 0.64，即每增加 1 元的生产性公共服务供给，农业总产值将增加 0.64 元①。可见农村公共服务供给不足将不利于农业发展。再比如，公共服务的供给不足不仅会降低农民抗击风险的能力，而且会打击农民种植的积极性。气象与市场信息等公共服务不到位，就会降低农民抵抗自然风险和经济风险的能力，农民面对天灾束手无策，随着粮食的减产和收益的降低，将严重挫伤农民务农的积极性，从而阻碍了农业发展。其次，城乡公共服务非均等造成城乡收入差距扩大。在公共服务供给方面根据斯蒂格利茨的研究，公共服务具有大于 1 的收入弹性；著名经济学家西奥多·舒尔茨在《论人力资本》一书中认为，人力资本就是“凝结在人体中能够使价值迅速增值的知识、体力和技能的总和”，因而受教育的程度、医疗保障水平等直接决定人力资本的积累。而个人收入又是人力资本价值的体现，所以人力资本的差异又会决定城乡居民收入的差异。2010 年新疆城镇居民人均可支配收入为 13 643.80 元，农民人均纯收入为 4 642.67 元，农民收入仅相当于城镇居民收入的 31.02%。而如果把社会保障、义务教育等因素都考虑在内，

① 许云霄．农村公共物品提供的分析［J］．财政研究，2006（3）．

城乡居民的实际收入差距则可能在 5～6 倍。这说明，公共服务城乡差别供给拉大了城乡居民的实际收入差距。最后，城乡公共服务非均等化不利于城市社会的健康发展。城乡在义务教育、基本公共卫生医疗、基础设施等公共服务上的差距，使资源特别是人力资源难以实现合理优化配置。公共服务不均等会影响人们的生活方式，最终导致大量优秀人才涌向特大城市。以乌鲁木齐为例，2010 年乌鲁木齐流动人口破 85 万人，10 年内增加了 50 万余人①，远远超过了其资源、环境的可承载力，“城市病”日益凸显。但“城市病”的苦恼犹在眼前，更紧迫的安全风险也悄然逼近。探其原因，仍在于政府社会管理能力的滞后，在于均等化公共服务的缺失。在民生诉求的压力下，新疆政府需要在公共服务的质量和普惠之间达成某种妥协，实现城乡之间，区域之间的公共服务均等化。

5.3.2 新疆城乡公共服务非均等化对构建和谐社会的影响

公共服务均等化是构建社会主义和谐社会的必然要求和实现途径，其本质在于缩小城乡之间、不同区域之间、不同群众之间的差距。然而，近年来随着新疆社会经济的发展，在区域之间、城乡之间、民族之间的不和谐因素层出不穷，归根到底都是公共服务供给不均等、公共服务体系不完备所致。城乡公共服务的非均等化导致城乡差距进一步扩大。2010 年新疆城镇职工基本养老保险人均缴费额是农村养老保险人均缴费额的 52.6 倍，城镇职工基本医疗保险人均缴费额是农村新型合作医疗人均缴费额的 18～31 倍。从城乡居民实际领取的社会保障资金看，城镇居民的社会保障水平远高于农民。从绝对数看，2010 年城镇离退休职工人均领取养老金为 9 270 元，而参加农村社会养老保险的农民人均领取的养老金仅为 492 元，前者是后者的 18.8 倍，这一比例远高于城乡居民收入比和人均生活消费支出比；城镇居民最低生活保障水平是农民的 2 倍②。从以上数据可以看出新疆农村地区的社会保障覆盖面小，保障水平低，与城市保障水平存在很大差距。农民安全感指数低再加上就业机会的稀缺，会产生明显的城乡发展“马太效应”。另外，义务教育差异导致城乡居民发展机会不均等，使市民和农民之间已经产生了一个人为的阶级鸿沟，农民陷入“难翻身”的局面容易诱发犯罪，成为社会的不稳定、不和谐因素。

---

① 乌鲁木齐在线．http：//www. wlmqwb. com/2860/2861/201109/t20110921_ 2153003. shtml，2011－09－21。

② 数据来源：新疆人力资源与社会保障厅官方网站。

5.3.3 新疆城乡公共服务非均等化对边疆安全的影响

新疆城乡公共服务的非均等化导致大部分农民“上不起学、看不起病、住不起房”。一方面直接增加了农民的生活成本，使其生产压力急剧增大、生活质量下降，由此造成公众对社会的不满情绪不断强化；另一方面不利于广大弱势群体，特别是其子女个人素质和能力的提升，导致社会贫富差距的进一步扩大，基于起点不平等的贫困代际传递效应的累积，将使社会公平问题更加凸显，容易导致犯罪率居高不下。在基础教育方面，新疆最近5年初中升高中的比例平均为39%，同时期全国初中升高中的比例平均为82%，新疆低于全国平均水平43个百分点；而近5年全国青少年罪犯占刑事罪犯的比重平均为32%，同时期新疆青少年罪犯占刑事罪犯的比重平均为48%，高于全国平均水平16个百分点①。另外公共服务的非均等供给，导致新疆外来人员的基本生活得不到保障，他们甚至寄宿于城郊结合部或者非常简陋的棚户区，其治安状况、卫生状况堪忧。而外来人员群体是当前违法犯罪的高危群体，他们的生活得不到有效保障和服务，将大大提高整个社会的犯罪率，最终威胁新疆的社会安全。

① 数据来源：《新疆统计年鉴》（2011）、《中国统计年鉴》（2011）。

第6章　新疆城乡公共服务均等化：动力与实现能力测评

6.1　新疆城乡公共服务均等化的动力分析

6.1.1　农村内生性动力——农业产业化与乡村城镇化

农业产业化与乡村城镇化有利于增加农民收入，吸纳农民工就业，促进生产生活方式转变，降低乡镇的公共服务的投资成本，故而大力发展农业产业化和乡村城镇化也是新疆城乡公共服务均等化的一个重要动力。不断加快的城镇化进程为城乡就业奠定了基础，就业结构不断得到优化，就业保障制度不断完善。2010年新疆城镇化率为39.2%，新疆就业人数为830万人，比2009年多出了18.67万人。其中从事服务业岗位的就业人员为294.35万人，比2009年多出了8万人；城镇人口就业人数为375.59万人，比2009年多出了5.5万人①。近些年大力发展“并乡建镇，并县改市”，使得新疆小城镇如雨后春笋般涌现出来。2005年新疆有市20个，县68个，乡镇999个；到2010年，新疆共有县和县级市98个，乡镇1 020个，增长比较明显。

为了实现农业产业化，新疆快速发展工农合作，鼓励企业与农民进行合作，展开产加销结合，造就了一大批农产品深加工的龙头企业。2010年，全区农业产业化经营组织达到7 725个，比2005年增加1 551个；累计带动257万农户，增长110万户。自治区级以上农业产业化重点龙头企业319家（其中农业产业化国家重点龙头企业23家），实现资产总额573.5亿元，销售收入516.8亿元，上

① 以上数据来源于《新疆统计年鉴》（2010）、《新疆统计年鉴》（2011）。

缴税金10.2亿元，利润18亿元。同时围绕六大产业，不断推进龙头企业的集群发展。围绕新疆粮油、棉花、畜牧、林果、特色农产品和设施农业六大主导产业，新疆已初步形成六大农业产业化龙头企业集群，龙头企业形成的规模效应，增强了新疆农业产业化的集聚优势，竞争优势，加快了农业产业化进程。同时，伴随着农业产业化的发展和产业的集聚，也会导致农村城镇化。人们在经济发展过程中也渴望向城镇转变，于是便以人口向集镇或团部集中，同时生活方式也向城镇生活方式转变。

新疆农业的迅速发展、农民生活条件和水平的改善与提高也为新疆城乡公共服务均等化的实现奠定了基础。一方面，新疆的农业在近年来实现了迅速发展。2011年新疆农林牧渔业总产值增加值为884亿元，同比增长5.94%；农作物产品的产量5 130万吨，同比增长5.67%；整体上农业发展保持快速增长的态势。产业结构方面，白色产业迅速发展，优质棉花基地建设取得成效①。2011年新疆棉花产量218.01万吨，同比增长率为69%，占全国棉花产量的32.3%。研究表明，新疆农民纯收入中20%以上来自棉花，棉花产业为新疆提供了百万以上人口的就业机会，棉花产业的发展为农民的收入增长做出了重要贡献；林果业快速增长，全年新定植林果业面积136.4万亩，林果产量450万吨，比2010年增长2.4倍；新疆现代畜牧业也保持较快发展势头，牲畜出栏4 717万头，同比增长63.9%。农林牧渔产业的快速发展从一定程度上反映出新疆农村经济水平不断提高，也为提升基层政府公共服务供给能力，从而进一步缩小城乡公共服务差距奠定了基础。另一方面，农民的生活和居住条件得到不断改善。新疆农村人均居民纯收入已经从改革开放初的119元，提高到了2010年的4 643元。新疆人民居住水平也在持续提高。伴随着房地产改革和房产商品化的大力发展，大力促进了居民家庭住房条件改善和居住水平的提高。新疆农村人均住房面积从改革开放初的10.2平方米，提高到2010年的24平方米，表明农村基础设施建设投资规模的显著增加，极大地推进了城乡公共服务均等化的实现②。

6.1.2　城市外生性动力——以工补农以城促乡

以工补农、以城促乡有助于改变长期以来公共服务投资的城市偏好，实现农村公共服务的快速发展，缩小与城市公共服务的差距，因此可视之为城乡公共服务均等化的城市外生性动力。新疆的乡镇企业发展较为落后，且与东南沿海地区相比差距悬殊，也成为新疆经济发展落后的原因之一。因此，新疆在不断加快小

①② 数据来源：根据2011年《新疆统计年鉴》计算整理而得。

城镇建设过程中大力鼓励和支持乡镇企业的发展，并推进乡镇企业向工业园区集中，形成企业集群和产业集群，壮大工业凝聚力和产业竞争力，综合配置，科学管理，降低环境污染，有利于经济集约高效发展；同时也有利于降低公共基础设施的建设成本，提高公共服务的综合利用效率。2011 年，新疆全区乡镇企业上缴税金 37. 4 亿元，同比增长 21. 9%，提高了 10 个百分点；利润总额 93. 8 亿元，同比增长 24%，企业年人均工资 9 422 元/人，比上年增加1 346元/人。农民年人均从乡镇企业获得的工资性收入 1 072 元，与上年相比增加 192 元，占全区农民年纯收入的 20%；带动农民就业 121. 9 万人，比上年增加 5. 2 万人；乡镇企业职工获得劳动者报酬 114. 9 亿元，同比增长 21%；吸纳城镇下岗人员 2. 3 万人，外出打工回乡创业人数 1 万人。乡镇企业已成为转移农村富余劳动力、促进农民增收的重要渠道。与此同时，企业的金融需求促进了金融业以及其他服务业的快速高效发展，从而又强化了城镇的综合发展环境，形成了新的经济凝聚力，吸收更多的投资和企业进驻，实现良性循环。

城市对乡村的教育、卫生及社会保障事业的帮扶和援助，出台了如新农村建设等一系列“三农”政策，自治区对“三农”财政的支持力度也在增大，2010 年达到 223 亿元，种种措施促进了农村各项公共服务的迅速发展，也为城乡公共服务均等化的实现提供了有力保障。一是教育事业取得良好发展。2008 年新疆已经取消了对义务教育阶段的学生学杂费，还对义务教育阶段的农村学生实行了“两免一补”政策。二是卫生事业也在迅猛发展，惠及更多的新疆城乡居民。2010 年年末，新疆全区共有卫生机构 7 465 所，是改革开放初期的 2. 9 倍。三是社会保障事业也在不断扩大受益面和保障水平。城镇参保五大保险的人数逐年递增，农村新型合作医疗已经达到了 97. 6% 的参合率，城乡最低居民生活保障水平也在不断得到提高。四是城乡公共基础设施建设投资规模不断加大。2010 年新疆固定资产总投资达到 8 453 亿元，其中城镇投资为7 676亿元，农村投资完成 777 亿元。

6. 1. 3　市场机制拉力——城乡经济一体化与要素、市场融合

城乡经济一体化是促进城乡公共服务均等化的切实保障，城乡公共服务均等化反过来又能促进城乡经济一体化的紧密联结程度和发展效率；商品、资本、劳动力、技术等生产要素在城乡内部、城乡之间自由通畅的流动有助于实现公共服务在空间上的合理布局和公共资源的有效配置；由此可知，城乡经济一体化与要素、市场融合是城乡公共服务均等化的市场机制拉力。在改革之初我国选择的是典型的自上而下的供给主导型制度变迁方式，经济制度选择的目标是市场经济体

制。社会主义市场经济体制的最终确立归根到底主要是“上靠中央的正确决策、下靠企业和群众的奋斗、中间靠各级地方政府的贯彻执行和组织推动”；新疆地方政府在我国的渐进式市场经济体制改革过程中与其他地方政府一样顺应了中央政府的意志，在建立和完善社会主义市场经济体制方面发挥了重要的配合作用。

近年来，新疆牢牢抓住建设社会主义新农村的重大机遇，加快推进城市经济发展，大力支持农村经济社会全方位发展，增加城乡就业岗位，鼓励和引导农村过剩劳动力向其他行业转移，实现城乡经济的较快增长，促进城乡居民收入和公共服务水平的稳步提升，不断推进城乡经济一体化进程。同时，逐步建立统一的城市商品市场、资本市场、劳动力市场和技术产权市场，不断缩小农产品价格剪刀差，采取多种有力措施推动商品、资本、劳动力、技术等生产要素在城乡内部、城乡之间、兵地之间自由通畅地流动，促进分割的小市场实现统一高效的大融合市场。

6.1.4 政府行政机制推力——公共服务与各项制度的城乡融合

公共服务的公益性、不可分割性、非排他性、投资回报期长、投资收益少等特性，以及公共服务投资的政府主导性决定了无法脱离政府来空谈城乡公共服务的均等化；而城乡公共服务均等化的实现也并不是一个简单的程序问题，而是与新疆经济社会全局性发展、系统性改革相关的复杂问题，涉及劳保、社保、民政、交通、通信、金融、就业、教育、医疗卫生、基础设施建设投资、农田水利等多个部门，在此意义上，公共服务与各项制度的城乡融合是城乡公共服务均等化的政府行政机制推力。

改革开放以来，特别是我国政府提出并实施推进西部大开发战略以来，各级政府采取了多项改革举措大力推进新疆城乡各类公共服务的全面发展。首先，新疆维吾尔自治区政府为经济增长提供了较好的投资环境。新疆的经济发展水平相对较落后，民间投融资力量较为薄弱，地方政府和中央政府成为主要的投资主体。1978 ~2010 年，新疆全社会累计固定资产投资 21 242 亿元；建成了南疆铁路、沙漠公路、吐乌大和乌奎等高等级公路、乌鲁木齐国际机场改扩建、通信光缆等一大批水利、交通、能源等重点项目，使新疆的基础设施和基础产业条件得到明显改善。其次，鼓励和支持城乡公共基础设施建设，多方面筹措公共服务的建设资金，制定和采取比较合理、优惠的公共服务市场准入的产业政策，促进城乡公共服务水平的进一步提高。再次，随着经济和社会的稳步发展，市场化、深层次、高水平、深水区的改革开放的不断推进，在新疆现代化建设的新阶段，自治区党委和人民政府都提出了与新疆经济发展关联的、高耦合性、高层次的经济发展战略，推动新疆经济发展战略的不断深化和完善①。最后，新疆通过不断优化城乡公共服务供给的制度环境，以提升农村公共服务水平为抓手大力推动新农村建设，切实改善农村民生问题和生活条件；通过逐步消除阻碍新疆城乡一体发展的不利因素，大力促进城乡整合和协同发展，推进城市和农村在互利共赢基础上实现合作、互助、共生、双赢。

6.2 新疆城乡一体化进程的测评分析

目前新疆正处于经济发展的战略机遇期和社会转型的关键期，由城乡差距引发的社会不稳定因素和城乡之间、民族之间的矛盾将日益凸显。本节以新疆作为特定的区域研究对象，运用定性和定量分析相结合的方法建立了由 12 项指标构成的新疆城乡一体化评价体系，通过计算综合统计量动态评价新疆城乡一体化水平，既为新疆在特殊因素与制度条件约束下缩小城乡差距、促进城乡一体化协调发展等方面提供理论支撑，也有益于对城乡公共服务均等化的实现能力作出评估和预判。

6.2.1 新疆城乡一体化的文献评述

城乡一体化作为社会经济发展过程中城乡关系日趋融合为统一整体的过程，包括城乡政治融合、城乡经济融合、城乡人口融合、城乡文化融合、城乡空间融合和城乡生态环境融合。城乡一体化的本质就在于彻底消除现存的城乡二元体制结构，促进城乡公共服务和公共资源的互动，使高度的物质文明与精神文明达到城乡共享。随着城乡分割、城乡对立等现象的产生，许多思想家与学者的研究侧重于对空间环境的城乡区域设计和城乡合作，提出了城乡协调发展的观点及其诸多方案，比较有影响的有城乡阶段发展理论、城乡规划理论、城乡边缘理论、城乡融合理论和城乡区域合作理论等。近年来统筹城乡发展、推进城乡一体化逐渐成为中国政府高度关注的问题和实践探索的方向，从而也使城乡一体化问题逐渐为国内学者所重视。

目前，对城乡一体化的研究主要集中在对其概念、目标、战略（杨荣南，1997；李同升，2000；李斌，2009；厉以宁，2009）、特征、发展方向（吴伟年，

---

① 居来提·苏来曼．试论优化地方政府行为，推动新疆经济发展［J］．中国集体经济，2011（7）．

2002；顾益康，2004；龙文军，2006；尹成杰，2010）、动力机制、影响因素（洪银兴、陈雯，2003；范恒山，2006；张天龙、刘馨远、魏秀芬，2009；陈学云、史贤华，2011）、实现途径、规划模式（张果、任平、周介铭等，2006；王卫星，2009；黄健辉、刘金山，2009；康胜，2010）等方面的定性探讨上，对城乡统筹发展与城乡一体化进程的评价指标体系的构建开始进行探索（张竟竟、陈正江、杨德刚，2007；完世伟，2008；魏尧，2009），其中不乏从宏观与微观、城市与农村、历史与现实、定量与定性等视角出发构建指标体系（朱志萍，2008；徐佳、张旺锋、冯宗周，2008；周颖杰，2009；陈俊梁，2010；吉迎东，2011），但总体上对城乡一体化进程的系统计量评价尚缺少统一的规范和普遍认同的评价体系，同类研究大多以经济发达地区与沿海地区作为研究对象（陈国生、向泽映、陈春泉，2009；苏春江，2009），对新疆及少数民族地区的城乡一体化进程测评的相关研究较为罕见。

目前新疆城乡二元结构的固化特征较为明显，城乡居民收入差距不断扩大，城乡公共服务与社会事业发展不平衡。城乡一体化作为构建和谐新疆的本质要求，既是解决好新疆“三农”问题、实现跨越式发展、城乡协调发展和城乡公共服务均等化的最佳途径，也是增进民族团结、贯彻落实科学发展观的动力源泉，更是构建和谐新疆、安定新疆和繁荣新疆的内在本质要求。

6.2.2 新疆城乡一体化评价指标体系构建

（1）数据来源

基于资料获取的需要，本研究以现行的行政界线作为新疆城乡划分的基础。数据来源于2001~2010年《中国统计年鉴》，2001~2010年《新疆统计年鉴》；城乡居民人均可支配收入比、城乡每百人拥有病床数比值、城乡居民恩格尔系数比等部分指标通过相关数据的计算整理所得；对于城乡一体化程度评价指标体系各个不同质特征的指标，为便于比较，进行了标准化处理（即无量纲处理）。

（2）城乡一体化指标体系设计

结合新疆区域经济发展特点，遵循指标体系的构建原则，采用以因子分析法为主的统计分析方法，围绕新疆城乡一体化进程中各个要素的融合程度构建新疆城乡一体化测评指标体系。如表6－1所示，共设置了城乡发展水平和城乡协调水平2个一级指标，城乡发展水平主要从空间、人口、经济、社会等方面反映新疆城乡一体化发展状况；城乡协调水平则反映了原有的二元经济结构的协调和融合程度。二级指标选取了城乡人均GDP、城市化率、县乡公路铺装率等12个指标，指标涵盖经济程度、交通、产业结构以及科教文卫等方面，这些指标共同构成了城乡一体化进程评价体系。本研究设计和构建的新疆城乡一体化评价指标体系能够反映城乡经济社会的发展性、关联性和协调性，体现城乡经济融合、人口融合、空间融合、生活融合与生态环境融合方面的主要特征，具有较强的实用性和可操作性。但需要指出的是，为更加准确客观地评价城乡融合程度，评价指标体系有必要随着新疆城乡一体化水平的提高、政府政策的调整等实际情况进行及时合理地调整。

表 6-1　新疆城乡一体化测评指标体系

一级指标	二级指标	指标单位	指标含义
城乡发展水平	城乡人均 GDP X_1	¥	经济发达程度
	城市化率 X_2	%	城市化程度
	县乡公路铺装率 X_3	%	交通发达程度
	非农产值所占比重 X_4	%	产业结构非农化
	非农人口所占比重 X_5	%	人口结构优化
	农民人均纯收入 X_6	¥	农民消费能力
城乡协调水平	城镇人均可支配收入 X_7	¥	城镇居民消费能力
	城乡高中毛入学率 X_8	%	居民知识文化程度
	城乡居民人均可支配收入比 X_9	%	城乡经济差异度
	财政支农占总支出比例 X_{10}	%	财政支持差异度
	城乡每百人拥有病床数比 X_{11}	%	城乡医疗差异度
	城乡居民恩格尔系数比 X_{12}	%	城乡居民消费能力差异

6.2.3　新疆城乡一体化进程评价过程

（1）数据的因子适用性检验

在作具体的因子分析之前，需要对数据进行因子的适用性检验，以此来判断所选用的数据是否适合因子分析。由表 6-2 的变量相关系数矩阵可以看出，大部分变量之间存在一定程度的相关性，说明需对变量进行降维处理以便于因子分析。降维处理后系统输出 Bartlett 球形检验值为 0.000，明显小于 0.001，KMO 检验值大于 0.7，说明变量矩阵不是单位矩阵，适合做因子分析；进一步从公因子方差表（略）可知，各个指标的共同度大都在 85% 以上，说明变量空间转化为因子空间时保留了较多信息，因子分析的效果显著，适合做因子分析。

表 6－2 变量的相关系数矩阵

	X_1	X_2	X_3	X_4	X_5	X_6	X_7	X_8	X_9	X_{10}	X_{11}	X_{12}
X_1	1	0.986	-0.603	0.819	0.325	0.991	0.99	0.972	-0.829	-0.981	0.077	0.871
X_2	0.986	1	-0.646	0.792	0.372	0.969	0.963	0.957	-0.845	-0.948	0.124	0.905
X_3	-0.603	-0.646	1	-0.561	-0.733	-0.576	-0.553	-0.677	0.683	0.503	0.033	-0.705
X_4	0.819	0.792	-0.561	1	0.498	0.778	0.802	0.801	-0.495	-0.816	0.28	0.609
X_5	0.325	0.372	-0.733	0.498	1	0.276	0.271	0.411	-0.351	-0.213	0.2	0.455
X_6	0.991	0.969	-0.576	0.778	0.276	1	0.998	0.964	-0.826	-0.98	-0.03	0.835
X_7	0.99	0.963	-0.553	0.802	0.271	0.998	1	0.955	-0.788	-0.987	0.006	0.806
X_8	0.972	0.957	-0.677	0.801	0.411	0.964	0.955	1	-0.893	-0.921	-0.02	0.906
X_9	-0.829	-0.845	0.683	-0.495	-0.351	-0.826	-0.788	-0.893	1	0.738	0.189	-0.952
X_{10}	-0.981	-0.948	0.503	-0.816	-0.213	-0.98	-0.987	-0.921	0.738	1	-0.09	-0.773
X_{11}	0.077	0.124	0.033	0.28	0.2	-0.028	0.006	-0.022	0.189	-0.089	1	0.061
X_{12}	0.871	0.905	-0.705	0.609	0.455	0.835	0.806	0.906	-0.952	-0.773	0.061	1

（2）确定公因子及权数

确定公因子个数及各因子的权数，需要对总体方差进行分解。表 6－3 和表 6－4 是各因子的特征值及方差贡献度表，反映了各因子对总体方差的解释程度。12 项变量经 SPSS 软件处理后，系统自动提取出三个特征值大于 1 的公因子，分别用 X_1、X_2 和 X_3 表示。由表 6－4 可知，公因子 X_1 可以解释 72.15% 的方差，公因子 X_2 可以解释 11.29% 的方差，公因子 X_3 可以解释 9.76% 的方差，三个公因子累计解释 93.20% 的方差。总体来说，X_1、X_2 和 X_3 概括了大部分原始数据的样本信息，在统计学上是有意义的。

表 6－3 公因子方差表

	Initial	Extraction
城乡人均 GDP X_1	1.000	0.999
城市化率 X_2	1.000	0.978
县乡公路铺装率 X_3	1.000	0.891
非农产值所占比重 X_4	1.000	0.820
非农人口所占比重 X_5	1.000	0.924
农民人均纯收入 X_6	1.000	0.987

续表

	Initial	Extraction
城镇人均可支配收入 X_7	1.000	0.979
城乡高中毛入学率 X_8	1.000	0.980
城乡居民人均可支配收入比 X_9	1.000	0.896
财政支农占总支出比例 X_{10}	1.000	0.976
城乡每百人拥有病床位数比 X_{11}	1.000	0.892
城乡居民恩格尔系数比 X_{12}	1.000	0.861

表 6-4　因子特征值及方差贡献度

因子	初始特征值			旋转后的特征值		
	特征值	贡献比例 %	累积贡献比 %	特征值	贡献比例 %	累积贡献比 %
X_1	8.658	72.149	72.149	8.658	72.149	72.149
X_2	1.354	11.287	83.437	1.354	11.287	83.437
X_3	1.171	9.761	93.197	1.171	9.761	93.197
X_4	0.494	4.115	97.312			
X_5	0.172	1.430	98.742			
X_6	0.100	0.837	99.579			
X_7	0.027	0.227	99.806			
X_8	9.015	9.128	99.934			
X_9	0.008	0.066	100.000			
X_{10}	1.554E-16	1.295E-15	100.000			
X_{11}	5.159E-17	4.300E-16	100.000			
X_{12}	-9.557E-17	-7.964E-16	100.000			

其次，根据经方差最大旋转后的因子载荷矩阵（见表 6-5），对各因子含义进行说明。通过经方差最大旋转后的因子载荷矩阵发现，变量 X_1、X_6 和 X_7 在 Z_1 上的载荷较大，可认为 Z_1 从收入的角度衡量城乡一体化发展的程度；变量 X_2、X_4 和 X_5 在 Z_2 上的载荷较大，可认为 Z_2 从城镇化的角度衡量城乡一体化发展的程度；变量 X_{11} 在 Z_3 上的载荷较大，可认为 Z_3 从医疗社会保障角度衡量城乡一体化程度。

表6-5 旋转后的因子载荷矩阵

	Component		
	1	2	3
财政支农占总支出比例 X_{10}	-0.980		-0.100
城镇人均可支配收入 X_7	0.978	0.146	
农民人均纯收入 X_6	0.978	0.169	
城乡人均 GDP X_1	0.974	0.217	
城市化率 X_2	0.945	0.283	
城乡高中毛入学率 X_8	0.929	0.338	
城乡居民恩格尔系数比 X_{12}	0.803	0.457	
城乡居民人均可支配收入比 X_9	-0.789	-0.397	0.339
非农产值所占比重 X_4	0.748	0.326	0.393
非农人口所占比重 X_5	0.109	0.933	0.204
县乡公路铺装率 X_3	-0.440	-0.828	0.107
城乡每百人拥有病床位数比 X_{11}			0.942

（3）因子分析及评价

为了考察新疆城乡一体化发展水平，并对其进行分析和综合评价，采用回归方法求出因子得分函数，SPSS 输出的函数系数矩阵如表6-6所示；同时，采用回归方法求出因子得分函数。三个公因子分别从不同方面反映了新疆各个时期的城乡一体化发展水平，但单独使用某一公因子并不能对新疆城乡一体化发展做出综合评判，因此按各公因子对应的方差贡献率为权数计算如下综合统计量（Z）：

$$Z = \frac{\lambda_1}{\lambda_1 + \lambda_2 + \lambda_3} Z_1 + \frac{\lambda_2}{\lambda_1 + \lambda_2 + \lambda_3} Z_2 + \frac{\lambda_3}{\lambda_1 + \lambda_2 + \lambda_3} Z_3$$

表6-6 因子得分系数矩阵

	Component		
	1	2	3
城乡人均 GDP（元）	0.154	-0.079	0.042
城市化率	0.133	-0.028	0.052
县乡公路铺装率	0.100	-0.474	0.130
非农产值所占比重	0.085	0.029	0.307
非农人口所占比重	-0.191	0.605	0.114

续表

	Component		
	1	2	3
农民人均纯收入	0.165	-0.108	-0.030
城镇人均可支配收入	0.171	-0.127	0.012
城乡高中毛入学率	0.116	0.021	-0.056
城乡居民人均可支配收入比	-0.070	-0.109	0.290
财政支农占总支出比例	-0.188	0.178	-0.086
城乡每百人拥有病床位数比	-0.003	-0.012	0.761
城乡居民恩格尔系数比	0.061	0.134	-0.090

表6-7为2000年以来新疆城乡一体化各项指标主成分得分。由表6-7、表6-8及图6-1可知，近10年来新疆城乡一体化水平总体上呈上升趋势。2000~2008年间新疆城乡一体化水平逐步提高，2004年以前新疆城乡关系处于城乡互动起步阶段，2006年进入城乡初步一体化阶段，2008年达到城乡中度一体化阶段；但2009年新疆城乡一体化水平有所下降。究其原因，除经济发展水平制约、地方政府财力制约、公共服务供给的城乡不均衡性、城乡二元分割的户籍壁垒等因素外，市场经济体制完善程度、“七五事件”与2008年金融危机因素也对新疆城乡一体化建设起到一定的阻碍作用。

表6-7 新疆城乡一体化各项指标主成分得分

年份	Z_1	Z_2	Z_3	Z
2000	-0.7556	-1.9244	0.0115	-0.8167
2001	-1.1824	-0.1189	0.9139	-0.8342
2002	-0.9560	-0.0112	0.2992	-0.7102
2003	-0.7106	0.2343	-0.9623	-0.6225
2004	-0.1409	-0.5126	-0.7757	-0.2524
2005	-0.3453	1.9043	-0.6201	-0.1017
2006	0.2219	0.9619	0.3397	0.3239
2007	0.7834	0.2217	0.6054	0.6968
2008	1.4031	-0.1525	1.7781	1.2540
2009	1.6822	-0.6026	-1.5897	1.0629

表 6－8　新疆城乡一体化发展的阶段划分

城乡一体化水平	城乡一体化发展阶段
$-1 < Z < -0.4$	传统的城乡二元发展阶段
$-0.4 \leqslant Z < 0.2$	城乡互动起步阶段
$0.2 \leqslant Z < 0.8$	城乡初步一体化阶段
$0.8 \leqslant Z < 1.4$	城乡中度一体化阶段
$1.4 \leqslant Z \leqslant 2.0$	城乡高度一体化阶段

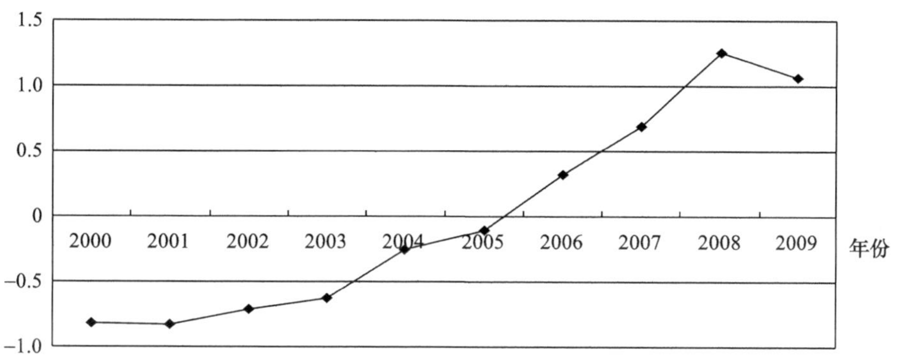

图 6－1　新疆城乡一体化水平折线图

6.2.4　新疆城乡一体化进程评价的主要结论

本节主要从城乡发展水平和城乡协调水平两个层面对新疆城乡一体化进程进行了动态评价，研究发现：新疆城乡一体化水平逐步提高，新疆城乡一体化水平总体处于城乡初步一体化阶段向城乡中度一体化阶段推进的发展阶段。在影响新疆城乡一体化的 2 个一级指标中，城乡发展水平的影响程度远远大于城乡协调水平，从侧面反映出新疆城乡协调水平较差，迫切需要在推进城乡一体化进程中高度重视城乡协调水平的发展。

对于影响城乡一体化的 2 个一级指标——城乡发展水平和城乡协调水平，由于反映城乡发展水平的 8 个指标贡献度之和远远高于城乡协调水平的指标贡献度之和，说明在影响城乡一体化的两个一级指标中城乡发展水平对城乡一体化的影响程度比城乡协调水平更大。在影响城乡发展水平的 8 个指标中，城乡人均 GDP 的方差贡献度高达 72.12%，为最主要的影响因素；城市率与县乡公路铺装率对城乡发展水平的影响分别位居第二位和第三位，表明城镇化发展与农村基础设施建设对城乡发展水平有着不可或缺的重要影响；在影响城乡协调水平的4个指标中，城乡居民人均可支配收入比和城乡居民恩格尔系数比为最主要的影响因素；但由于影响城乡协调水平的4个指标方差贡献度普遍偏低，也从侧面反映出新疆城乡协调水平较差，出现了只重视城乡经济发展而忽视了城乡协调发展的问题，迫切需要在推进城乡一体化进程中高度重视城乡协调水平的发展。

通过计算新疆城乡一体化各项指标的主成分得分可知，2000～2009年新疆城乡一体化水平逐步提高，新疆城乡一体化水平总体上处于城乡初步一体化阶段向城乡中度一体化阶段推进的发展阶段。但由于城乡协调度指数始终徘徊不前，导致城乡发展从城乡中度一体化阶段向下一阶段——城乡高度一体化阶段的转变面临瓶颈制约。

鉴于目前新疆城乡一体化发展所处的历史阶段，综合考虑新疆城乡一体化进程的影响因素，新疆今后需要将保障和改善民生、推动城乡公共服务均等化作为未来稳定与发展的核心使命，坚持走以人为本、民生为重、富民优先的道路，实现由关注、重视民生向保障和改善民生转变；巩固和增强新疆地方政府财力，增加农民收入，在建立城乡平等的制度框架的前提下改革与创新城乡公共服务供给制度、户籍制度、教育、就业、医疗卫生与社会保障等相关制度，将统筹城乡基础设施建设和城乡公共服务均等化作为推进城乡一体化发展的重点领域，切实促进新疆城乡公共服务均等化的实现。

6.3 新疆城乡公共服务的政府供给能力评价

随着新疆经济的深入发展和社会转型步伐的不断加快，城乡居民对公共服务需求总量不断增加，居民对新疆地方政府的公共服务能力也提出新的要求。但由于南北疆及大部分新疆地区城乡公共服务不均等，公共服务供给主体单一，供给机制不灵活，以及城乡居民对公共服务需求偏好的多样性、区域的差异性和异质性、民族与风俗习惯的特殊性、地理环境的复杂性等因素都影响着新疆政府对公共服务供给能力的有效发挥。同时，新疆作为我国特殊的民族自治区域，处在西部边疆落后地区，其政府的公共服务供给能力与东部沿海地区相比差距较大。有效提升政府的公共服务供给能力，公平、高效地提供高质量、多样化和多层次的公共服务以满足城乡不同社会群体的公共需求偏好和公众日益增加的公共需求，已成为目前新疆地方政府的重要战略目标和工作任务。

6.3.1　新疆政府供给公共服务能力的评价指标体系构建

（1）评价指标体系的构建与数据来源

在对理论依据与现实基础探究的基础上，遵循科学性、综合性、可行性和数据可得性原则，选取新疆地方政府公共服务供给能力及其主要影响因子指标（见表6－9）。对于新疆地方政府公共服务供给能力的测度，本研究拟选择人均公共服务支出来表示，其中公共服务支出是一般公共服务、科教文化、公共卫生医疗、社会保障和就业、公共安全等公共服务的综合。总体来讲，地方政府的公共服务能力供给是一个多重因子相互作用与耦合的复杂过程，是经济发展、财政支出、公共支出偏好、人口增长等因素共同影响的综合体。文中数据主要来源或间接计算于历年《新疆统计年鉴》。本研究以2000～2010年为新疆地方政府公共服务能力供给及其影响因子的时间范围，共11个样本量（见表6－9），变量的原始数据参见表6－10。

表6－9　新疆地方政府公共服务供给能力评价指标体系

序号	描述指标	指标含义
Y	人均公共服务支出	表征地方政府公共服务能力供给
X_1	GDP总值	表征经济增长对地方政府公共服务能力供给的影响
X_2	财政支出占地区生产总值的比重（%）	表征财政支出规模对地方政府公共服务能力供给的影响
X_3	公共服务支出占财政支出的比重（%）	表征公共支出偏好对地方政府公共服务能力供给的影响
X_4	每万人拥有在校大学生数（人）	表征居民文化教育对地方政府公共服务能力供给的影响
X_5	人均社会固定资产投资（元）	表征固定资产投资对地方政府公共服务供给能力的影响

表6－10　变量的原始数据

年份	Y（元）	X_1（亿元）	X_2（%）	X_3（%）	X_4（人）	X_5（元）
2000	3 700.48	1 363.56	14.9	36.42	39	3 300.27
2001	4 239.18	1 491.6	19.56	30.62	58	3 762.929
2002	4 943.74	1 612.65	22.41	35.65	70	4 267.408
2003	5 880.26	1 886.35	19.3	37.1	78	5 181.755
2004	6 656.6	2 209.09	19.78	33.24	85	5 916.757
2005	7 559.44	2 604.14	20.9	30.76	93	6 726.569

续表

年份	Y（元）	X_1（亿元）	X_2（%）	X_3（%）	X_4（人）	X_5（元）
2006	8 716.47	3 045.26	23.9	30.2	101	7 644.157
2007	10 425.61	3 523.16	24.82	38.13	107	8 833.764
2008	12 655.77	4 183.21	28.11	37.13	113	10 606.18
2009	15 841.06	4 277.05	34.47	40.18	117	13 097.36
2010	19 294.22	5 437.47	34.68	35.48	120	16 227.23

资料来源：2001～2011年《新疆统计年鉴》。

（2）相关性分析

为了验证地方政府公共服务供给能力与经济增长、财政支出规模、公共支出偏好、居民文化教育、固定资产投资之间的相互关系，采用相关系数法研究各指标的密切程度，计算分析结果见表6－11。新疆人均公共服务支出与GDP总值、财政支出占地区生产总值的比重、每万人拥有在校大学生数、人均社会固定资产投资的相关系数分别为0.984 857、0.957 366、0.878 199、0.999 501，呈高度线性关系（$0.7 \leqslant |r| < 1$），与公共服务支出占财政支出的比重相关系数为0.407 229，呈显著性相关（$0.4 \leqslant |r| < 0.7$）。

表6－11　相关性检验结果

	Y	X_1	X_2	X_3	X_4	X_5
Y	1.000 000	0.984 857	0.957 366	0.407 229	0.878 199	0.999 501
X_1	0.984 857	1.000 000	0.226 425	0.353 436	0.313 926	0.286 478
X_2	0.957 366	0.426 425	1.000 000	0.415 754	0.465 359	0.351 997
X_3	0.407 229	0.353 436	0.415 754	1.000 000	0.263 884	0.485 055
X_4	0.878 199	0.213 926	0.465 359	0.263 884	1.000 000	0.283 003
X_5	0.999 501	0.386 478	0.351 997	0.385 055	0.383 003	1.000 000

（3）回归方程

构建多元回归模型 $Y = C(1) + C(2) \times X_1 + C(3) \times X_2 + C(4) \times X_3 + C(5) \times X_4 + C(6) \times X_5$，用EVIEWS5.0软件对回归方程的参数进行估计，回归结果如下：

$$Y = -1\,967.668\,7 + 0.235\,2 \times X_1 + 54.473\,5 \times X_2 + 32.184\,0 \times X_3 + 6.239\,3 \times X_4 + 1.093\,1 \times X_5$$

S. E. =［208. 12］　［0. 09］　［9. 56］　［5. 42］　［1. 75］　［0. 03］

t =(−9. 45)　(2. 41)　(5. 70)　(5. 93)　(−3. 57)(32. 01)

R^2 =0. 999 49　　Adjusted R^2 =0. 999 897　　D. W =2. 4

(4) 模型检验

首先，进行拟合优度检验。该模型的拟合优度 R-squared 为 0. 999 49，调整后的拟合优度为 0. 999 897，可见该模型的拟合优度较高，表明模型对解释变量拟合得较好，被解释变量的实际值与拟合值较为接近，回归方程的解释力较强。以下为检验结果：

其次，进行显著性检验。

T 检验：从分析结果看，在 10% 显著性水平下，X_1、X_2、X_3、X_4 和 X_5 的 P 值均小于 10%，通过了 T 检验，说明 X_1、X_2、X_3、X_4 和 X_5 对 Y 均有显著性影响。

F 检验：该方程的 F-statistic 的 P 值为 0，小于显著性水平，因此 F 检验通过，说明该模型的线性关系成立。

最后，进行异方差检验。对模型采用怀特检验法，得到怀特统计量（Obs * R-squared）为 11，其 P 值为 0. 357 518，大于显著性水平 0. 1，因此该模型不存在异方差。

表 6－12　拟合优度检验结果

Dependent Variable：Y

Method：Least Squares

Sample：2000 2010

Included observations：11

Variable	Coefficient	Std. Error	t-Statistic	Prob.
C	−1 967. 669	208. 119 0	−9. 454 539	0. 000 2
X_1	0. 235 198	0. 097 567	2. 410 638	0. 060 8
X_2	54. 473 50	9. 559 804	5. 698 182	0. 002 3
X_3	32. 184 05	5. 428 298	5. 928 939	0. 001 9
X_4	6. 239 254	1. 748 523	−3. 568 300	0. 016 1
X_5	1. 093 124	0. 034 148	32. 011 78	0. 000 0
R-squared	0. 999 949	Mean dependent var		9 082. 985
Adjusted R-squared	0. 999 897	S. D. dependent var		5 026. 687
S. E. of regression	50. 916 63	Akaike info criterion		11. 000 71
Sum squared resid	12 962. 51	Schwarz criterion		11. 217 74
Log likelihood	−54. 503 89	Hannan-Quinn criter.		10. 863 90
F-statistic	19 491. 81	Durbin-Watson stat		2. 409 845
Prob (F-statistic)	0. 000 000			

表 6-13 T 检验结果

Variable	Coefficient	Std. Error	t-Statistic	Prob.
C	-1 967.669	208.119 0	-9.454 539	0.000 2
X_1	0.235 198	0.097 567	2.410 638	0.060 8
X_2	54.473 50	9.559 804	5.698 182	0.002 3
X_3	32.184 05	5.428 298	5.928 939	0.001 9
X_4	6.239 254	1.748 523	-3.568 300	0.016 1
X_5	1.093 124	0.034 148	32.011 78	0.000 0

表 6-14 怀特检验结果

White Heteroskedasticity Test:				
Obs * R-squared	11.000 00		Probability	0.357 518
Test Equation:				
Dependent Variable: R^2				
Method: Least Squares				
Sample: 2000 2010				
Included observations: 11				
Variable	Coefficient	Std. Error	t-Statistic	Prob.
C	-37 455.07	NA	NA	NA
X_1	38.763 24	NA	NA	NA
X_1^2	-0.002 853	NA	NA	NA
X_2	-3 393.856	NA	NA	NA
X_2^2	95.908 05	NA	NA	NA
X_3	1 380.972	NA	NA	NA
X_3^2	-18.465 28	NA	NA	NA
X_4	1 073.388	NA	NA	NA
X_4^2	-8.517 583	NA	NA	NA
X_5	-11.671 57	NA	NA	NA
X_5^2	0.000 275	NA	NA	NA
R-squared	1.000 000	Mean dependent var		1 178.410
S. D. dependent var	1 325.623	Akaike info criterion		-30.545 08
Sum squared resid	4.73E-15	Schwarz criterion		-30.147 19
Log likelihood	178.997 9	Durbin-Watson stat		3.088 284

6.3.2 政府公共服务供给能力测评模型的结论分析

由前文得出的多元回归方程可知，X_1 的系数为0.235 2，表明GDP每增加1元，人均公共服务支出增加0.235 2元；X_2 系数为54.473 5，表明财政支出占地区生产总值的比重每增加百分之一，人均公共服务支出增加54.473 5元；X_3 系数为32.184 0，表明公共服务支出占财政支出的比重每增加百分之一，人均公共服务支出增加32.184 0元；X_4 的系数为6.239 3，表明每百万人中大学生数量每增加1人，人均公共服务支出增加6.239 3元；X_5 的系数为1.093 1，表明人均社会固定资产投资每增加1元，人均公共服务支出增加1.093 1元。

从选取的指标和模型结果分析来看，政府公共服务供给能力的影响因素不外有三，即经济因素、政治因素、社会因素。新疆GDP与人均公共服务支出的相关系数较高，为0.984 9，说明新疆经济增长对地方政府公共服务能力供给的影响较大；新疆财政支出占地区生产总值的比重、新疆公共服务支出占财政支出的比重与人均公共服务支出相关系数分别为0.957 4、0.407 2，说明财政支出规模、公共支出偏好对地方政府公共服务能力供给的影响，即政治因素对于政府公共服务供给能力的影响，由于政治因素中所包含的制度因素、工作人员执行力、公共服务的供给理念等因素数据较难得，因此没有被选作模型指标。在公共服务支出中有一部分支出为公共安全支出，由于数据缺失较多也无法选作模型指标，但公共安全包含于公共服务支出当中，表明社会稳定等因素对政府公共服务供给能力具有一定的影响，尤其在新疆这样一个多民族聚居区域，其历史文化有着自身的特点，社会因素便成为新疆地方公共服务供给能力不可忽视的影响因素之一。

6.3.3 新疆政府公共服务供给能力的比较分析

从前文可知，新疆城乡的公共服务供给总量都在不同程度地增长，说明新疆政府公共服务供给能力在逐步提升。但由于历史和体制的多种原因，新疆城乡公共服务供给水平仍存在较大差距。本节将从中央投资政策、投资主体、政府财政能力比较、政府投资所取得的成效四方面对新疆和东、西部部分地区的政府公共服务供给能力进行对比分析。其中，东部地区是指北京、天津、河北、上海、江苏、浙江、福建、山东、广东和海南10省市，西部地区是指内蒙古、广西、重庆、四川、贵州、云南、西藏、陕西、甘肃、青海、宁夏和新疆12省份。

（1）中央投资政策对比

根据2011年年底国务院办公厅下发《关于山东沂蒙革命老区参照执行中部

地区有关政策的通知》，国家对中西部、东部地区的扶持政策差异主要表现为投资补助比例和标准不同，中央对中西部地区投资补助比例和标准明显高于东部；扶持范围不同，中央部分专项仅支持中、西部地区。政策差异主要表现在以下几方面：

农业农村方面的政策差异：农村饮水安全、大中型病险水库除险加固、大型灌区续建配套和节水改造、水土流失重点治理四类工程，国家对东部、中西部地区分别补助总投资的30%和60%；农村沼气工程分为户用沼气和大中型沼气两种，国家对东部、西部地区户用沼气建设分别补助1 000元/户和1 200元/户，对大中型沼气建设分别补助总投资的25%和35%；农产品质检体系建设工程，国家对东部、西部地区分别补助总投资的1/3和2/3；林木种苗工程和油料基地建设项目，中央与地方配套比例西部地区分别为6:4和1:0.5，东部地区分别为4:6和1:1。从上述对比可以看出，国家资金补助更加倾斜于西部农业、农村建设，中央对西部配套的比例基本上是东部的2倍，西部地方配套比例仅相当于东部地方政府的50%。

社会事业方面的政策差异：中等职业教育基础能力建设、农村基本公共卫生医疗服务体系建设、国家文化和自然遗产保护等16个专项，国家对东部地区的补助比例为30%左右，对中西部的补助比例为60%左右；县级图书馆、文化馆维修改造专项，根据馆舍面积大小，国家对东部和西部地区分别给予10万~30万元、15万~60万元不等的资金支持；边远艰苦地区农村学校教师周转宿舍建设工程等27个专项，国家仅对中西部地区给予支持。由此可见，国家对于公共服务等社会事业方面的投入也更倾斜于西部地区。

基础设施方面的政策差异：国家对东部、中部地区城市基础设施建设，按不超过项目总投资的30%和50%比例补助；国家对东部、中部、西部地区廉租房建设的投资补助，分别为每平方米200元、400元和500元；对国有工矿棚户区改造的投资补助，东部地区每户1万元、中西部每户1.3万元；农村危房改造中，2010年中央把农村危房改造试点范围扩大到国家扶贫开发重点县，补助标准约为每户6 250元，不难看出国家对于西部的基础设施建设较东部的扶持力度更大。

能源交通建设方面的政策差异：煤矿安全改造项目中央补助资金与地方财政配套资金的比例，中西部地区是1:0.4，东部是1:0.8；农村公路改造工程，中央预算内补助中西部地区25万元/千米、东部10万元/千米，2010年以后只安排中西部省份，东部省份一直没有安排；农村电网升级改造项目，中央预算内补助资金只安排中西部地区，可见国家对于西部能源与交通方面的补助远远大于对东部地区。

节能环保方面的政策差异：对于节能项目，中央预算内投资补助东部、西部地区比例大体按总投资的8%和10%安排；城镇污水垃圾处理项目，大体按东部地区不超过总投资的30%、西部40%~45%补助；城镇污水管网项目，东部和西部地区分别补助40%、60%；污染物减排专项资金，国家对东部、西部地区分别按照40%和60%的比例补助，国家在节能环保公共服务方面仍然向西部地区倾斜。

（2）投资主体比较

在城乡公共服务的供给中，资金来源大多为政府自筹资金，作为建设发展决策者的新疆政府应充分发挥自身领导作用，为引入外资等多种融资方式改善新疆城乡的公共服务供给水平和供给质量。

第一，各地均以自筹资金投资为主。在东、西部各地区的固定资产投资资金来源中，均呈现出以自筹资金投资为主的特点；2010年各地自筹资金均大于资金来源的50%，东部部分地区甚至达到了90%以上，如河北高达92.57%，海南达到90.55%，新疆2009年为83.59%，2010年为70.38%①。

第二，新疆来自国家预算内的资金较多，利用外资相对较少。国家预算内资金偏向于对西部地区的投资，西部地区资金来源中平均有7.11%来自国家预算内资金，其中青海、西藏两地区最高，分别达到34.96%、24.16%，而东部地区这一比例仅为1.54%。新疆农村来自国家预算内资金投入占到农村固定资产投资总额的14.70%，高于东、西部地区的平均水平。与此同时，西部地区普遍存在利用外资少而来自国家预算内资金较多的现状，西部地区的宁夏、内蒙古、西藏三地利用外资极少，接近空白，新疆利用外资仅占投资总额的0.35%；相比而言东部地区利用外资情况较为乐观，如上海、广东接近10%。

（3）政府财政能力比较

西部地区人均财政收入水平较低，对中央财政转移支付的依赖程度相对最高；各地的财政收入状况基本与当地的经济发展程度基本一致，经济发达地区的财政实力相对较强。2010年人均财政收入最高的5个省份依次为上海、北京、天津、浙江和广东，这5省市2010年的人均财政收入分别已达到12 386.12元/人、12 003.72元/人、8 259.74元/人、4 792.34元/人、4 330.81元/人，而西部大部分地区人均财政收入低于2 500元/人，其中新疆人均财政收入为2 295.19元/人，分别相当于上海、北京、天津、浙江、广东的18.53%、19.12%、27.79%、47.89%和53%，表明新疆与东部发达地区间的财政收入差距较大；除重庆外，西部地区财政缺口均在50%以上；2010年新疆财政赤字达

① 数据来源：根据2010年及2011年《中国统计年鉴》整理计算所得。

1 198.33亿元，而当年新疆地方财政收入为 500.58 亿元，而财政支出为 1 698.91 亿元，财政赤字是地方财政收入的 2.4 倍，1 198.33 亿元的财政缺口中有 843.38 亿元来源于中央政府的转移支付，其余来源于东部经济发达地区对新疆地区的对口支援以及新疆本地区企业自筹等途径；同年上海、北京、浙江财政赤字分别为 429.31 亿元、363.39 亿元和 599.41 亿元，财政缺口占财政收入的比重分别为 14.94%、15.44%、22.98%①；在财政收入方面，上海、北京、天津、浙江和广东的税收收入分别为 2 707.80 亿元、2 251.59 亿元、776.65 亿元、2 464.96 亿元和3 803.47亿元，新疆税收收入仅为 416.23 亿元，分别相当于上海、北京、天津、浙江和广东的 15.37%、18.49%、53.59%、16.89% 和 10.94%。由此可见，新疆政府财政能力和财政收入与中、东部地区政府相比非常薄弱。

（4）政府公共服务投资的成效比较

在第 3 章各类公共服务的供给现状分析中可以发现，新疆全区基础教育条件、公共卫生医疗服务条件、社会保障服务、基础设施服务得到较大改善，但政府的公共服务投入与中东部相比仍存在一定差距，环境保护方面的投入仍需继续加强。

第一，从表 6－15 中 2010 年新疆与全国平均办学条件的相关数据比较可以看出：①义务教育阶段在百人计算机拥有台数、生均校舍建筑面积、生均图书、生均仪器设备值等指标上都低于全国平均水平，有些指标没有达到合格标准；如新疆小学阶段每百人拥有计算机台数为 3.6 台，生均图书为 11 本，生均校舍建筑面积为 4.5 平方米/人，生均仪器设备值为 256 元/生，而全国平均水平分别为 4.28 台、14.3 本、5.6 平方米/人、319 元/生。②新疆地区高等教育阶段生均仪器设备值为 5 129 元/生，而全国平均水平为7 244元/生，高等教育阶段生均仪器设备值与全国平均水平的差距最大，表明新疆在创新型人才培养方面与东中部地区存在较大差距。③职业教育虽然在办学条件上与全国水平相差不大，但是办学条件的质量与东中部地区差距较大。此外，2010 年全国人均教育经费为 1 230.71 元，其中上海、北京人均教育经费分别为2 144.80元、2 697.31 元，新疆人均教育经费为 1 356.84 元，仅相当于北京、上海的 63.26% 和 50.30%②，可见新疆地区的教育经费投入与经济发达地区相比差距较大；在新疆政府公共服务供给中，教育公共服务能力有待加强，仍需加大投入力度以提升新疆地区城乡居民的教育文化水平。

①② 数据来源：根据 2011 年《中国统计年鉴》计算所得。

表6-15 2010年新疆与全国平均办学条件比较一览表

比较项目	教育阶段	新疆	全国平均	新疆和全国平均的差距
每百人拥有计算机台数（台）	小学	3.6	4.28	-0.68
	初中	6	6.53	-0.53
生均校舍建筑面积（平方米/人）	小学	4.5	5.6	-1.1
	初中	6.21	7.22	-1.01
	普通高中	15.33	15.52	-0.19
	中等职业学校	12.4	11.41	0.99
生均图书（册/生）	小学	11	14.3	-3.3
	初中	14.3	16.8	-2.5
	普通高中	21.6	24.23	-2.63
	中等职业学校	19.3	19.35	-0.05
	高等教育阶段	66.7	67.5	-0.8
生均仪器设备值（元/生）	小学	256	319	-63
	初中	430	484	-54
	普通高中	1 346	1 387	-41
	中等职业学校	1 970	1 964.7	5.3
	高等教育阶段	5 129	7 244	-2 115

资料来源：2011年《中国教育统计年鉴》与2011年《新疆教育统计年鉴》。

第二，从公共卫生医疗服务方面来看，新疆地区的公共卫生医疗服务供给水平相比其他省区较为落后。2010年，新疆地区每千人拥有的病床数为5.37张，同年北京、上海、天津、福建每千人拥有的病床数为7.35张、7.44张、4.93张、3.20张，新疆每千人拥有床位数分别相当于北京和上海的73.06%、72.18%。而千人拥有的医生数和千人拥有的卫生技术人员数均与东部地区存在一定差距，2010年新疆地区千人拥有的医生数、千人拥有的卫生技术人员数分别为1.82人、5.73人，同年北京此两项数据分别为3.15人、13.58人，上海分别为2.11人、9.71人，天津分别为2.05人、7.12人，新疆千人拥有的医生数和千人拥有的卫生技术人员数分别只相当于北京的57.78%、42.19%，区域差距较为显著。

第三，从社会保障制度、基础设施建设、科技文化、公共环境保护方面来看，2010年新疆城乡低保对象的月补助水平分别达到185元和75元，虽然均高于全国平均水平（141元、74元），但新疆城乡低保居民的月补助金额相差两倍多。在社会福利方面，城市各类敬老院、孤儿院、福利院等的分布密度与生活条件均普遍高于农村；目前新疆农村人口医保年缴费人均为 120 元，与城镇居民缴费水平基本持平，但农村医疗机构的设施条件极为简陋，大病需要到县级或县级以上医院就医，看病实际负担明显高于城市，医疗保障的实际水平偏低；同时，34 个中心城市中已有 13 个城市低保水平达 300 元以上，新疆明显落后。2010 年，新疆基础设施建设总规模为 9 474. 6 亿元，同期北京、上海、湖北基础设施建设总规模分别为 27 670. 9 亿元、26 000. 0 亿元、29 623. 9亿元，新疆基础设施总规模分别相当于北京、上海、湖北的 34. 24%、36. 44%、31. 98%；新疆地区人均基础设施建设投入为43 441. 54 元/人，北京、上海、湖北人均基础设施建设投入分别为 141 106. 07 元/人、112 945. 26 元/人、51 717. 70 元/人，新疆人均基础设施建设投入分别只相当于北京、上海、湖北的 30. 79%、38. 46%、84. 00%；从以上数据不难看出新疆人均基础设施服务水平与我国中、东部城市基础设施服务水平的差距较大。2010 年新疆综合科技进步水平指数为 43. 02%，较全国综合科技进步平均水平指数低 17. 03 个百分点，较 2009 年同比下降 0. 97 个百分点，排序由全国第 20 位下降至第 23 位。

表 6 - 16　2010 年新疆与部分东部地区公共服务项目比较

地区	人均科技经费支出（元/人）	污水处理率（%）	自来水普及率（%）	新型农村合作医疗覆盖率（%）	新型农村养老保险参保率（%）	一般公共服务支出（亿元）	一般人均公共服务支出（元/人）
北京	3 409. 66	90	99. 86	96	92	239. 57	1 221. 67
天津	1 379. 18	88	100	100	97	98. 07	757. 88
上海	1 839. 17	85	100	100	100	226. 02	981. 84
新疆	99. 97	70	97. 10	95	85	195. 57	896. 70

资料来源：财政部财政科学研究所及中国广播网、人民网。

由表 6 - 16 可以明显看出，新疆科技服务投入方面与东部发达地区的差距极大，新疆人均科技经费支出仅为 99. 97 元/人，而北京人均科技经费为3 409. 66 元/人，为新疆地区的 34 倍，表明新疆地区科技服务投入力度需要大力加强以适应现代经济发展方式转变与升级；从污水处理率、自来水普及率来看，新疆地区均落后于东部地区，说明新疆环境保护服务及基础设施服务方面均需继续完善；新疆新型农村养老保险参保率、新型农村合作医疗覆盖率分别为85%、95%，与东部地区相比略有落后，新疆地区公共卫生服务和社会保障服务方面仍需继续完善；从一般人均公共服务支出来看，由于近十多年来中央对新疆的财政转移支付力度较大，新疆人均公共服务支出额为 896. 70 元/人，北京和上海的人均公共服务支出分别为 1 221. 67 元/人和 981. 84 元/人，新疆地区人均公共服务支出分别相当于北京、上海的73.40%、91.33%，新疆政府应尽快建立和完善国家、集体、农民和社会各界相结合的多渠道投资体系，以提高政府公共服务供给能力。

总的来说，近几年新疆政府公共服务供给能力在不断提升，但大部分仍依赖于中央政策的倾斜性扶持，很多公共服务的项目资金主要依赖于国家预算，本级政府的财政能力相对较弱，未能形成多元化的筹资渠道，与东部地区相比除了政策优势外，在其他方面都还存在较大差距。因此，新疆政府要提升自身公共服务供给能力，发展本地的经济、改革影响城乡公共服务供给能力的制约因素是关键，并能保证城乡公共服务供给的资金稳定性，最终实现城乡公共服务均等化的政府目标。

6.3.4 新疆政府公共服务供给能力存在的问题

（1）公共服务资金供给不足

改革开放以来，新疆维吾尔自治区政府越来越重视公共服务的供给，大力发展了教育科技、公共卫生医疗、社会保障等公共服务，公共服务从质量上和数量上都有了长足发展；但新疆地区公共服务总量不足、质量不高、结构不优，日益扩大的公共服务需求与严重不足的公共服务供给形成尖锐矛盾。2010年，新疆财政一般预算支出为1 698.91亿元，而同期的上海、江苏、浙江三省市则分别为3 302.89亿元、4 914.06亿元和3 207.88亿元，从总量上看新疆明显处于落后水平；从人均指标分析，以新疆地方基础教育投入为例，初中阶段每百人拥有计算机台数为6，生均图书为11本，生均校舍建筑面积为6.21平方米/人，生均仪器设备值为430元/生，而全国平均水平分别为6.53台、16.8本、7.22平方米/人、484元/生。

（2）新疆及城乡公共服务供给不均等

新疆南北疆公共服务及城乡公共服务供给存在一定差距。以公共卫生服务为例，乌鲁木齐市每万人口医院床位数为80.19张，每万人医生数为38.67人，而塔城地区每万人口医院床位数、每万人医生数分别为36.1张、19.49人，仅相当于乌鲁木齐的45.02%和50.40%，可见南北疆公共服务供给区域差距比较明显。以基础设施建设投入为例，新疆固定资产投资的城乡比从2003年后呈下降趋势，城乡比例差距在不断缩小。但是截至2010年，固定资产投入的城乡差距依然超过8倍；而从绝对量上看，2009年城乡固定资产投入的绝对差为1 791.31亿元，而2010年绝对差达到了2 244.49亿元，绝对量的差距依然在不断扩大。新疆广大农牧区基本公共服务供给严重不足导致了新疆城乡居民收入差距日益扩大，城乡公共服务供给不均等也严重影响了政府公共服务供给的绩效水平，不利于新疆经济的持续跨越式发展。

（3）公共服务领域供给主体缺位化

新疆地方政府在公共服务结构中，公共资金分配的重点是传统的经济建设服务领域，公共支出格局还带有很浓厚的“建设财政”特点，民生型公共服务支出如最低收入保障、义务教育、交通与通信、医疗保健、科学技术等方面支出明显不足。如2000年教育、科技、卫生医疗等基本六项公共服务支出总和占新疆政府财政支出的比重仅为36.42%。尽管这些年来加大了对民生型公共服务方面的投入，但总体来说投入的比例变化不大，有的还有所减少，从而表明新疆地方政府公共服务供给出现了缺位化。

（4）政府管理人员应急意识较薄弱

2007～2010年新疆境内发生2级以上的地震分别为705次、750次、876次、1543次，2008年新疆发生火灾5 404起，直接经济损失3.2亿元；同年新疆草原灾害面积1 264.5万公顷，严重危害面积535.8万公顷①；但由于新疆基层乡镇政府对公务员进行相关的危机培训较少，再加之公务员自身技能素质的局限性，导致基层公务员缺少危机应急意识，缺少相应的危机预测与应急机制，大多是被动地坐等危机的到来，然后再“慌乱之中紧急救火”，由于基层政府公务员的救灾反应迟缓，给人民群众的生命财产带来了许多不必要的损失，影响了政府的公信力和权威形象。

（5）公共服务供给机制存在缺陷

由于目前财政转移支付制度总体设计上存在缺陷，以及财政管理体制方面的原因，造成新疆农村公共服务领域的资金缺口未能得到有效弥补，进而影响了公共服务均等化的实现。目前中央财政对新疆地方财政的转移支付包括财力性转移支付、专项性转移支付、税收返还及体制补助四种方式，其中税收返还制度实行的是对所有地区无差别的基数税收返还，不仅未能解决历史原因造成的新疆城乡公共财力分配不均和公共服务水平差距的问题，而且还加剧了城乡居民收入分配的不合理和不公平。同时，由于参与中央转移支付资金分配的部门多达数十个，存在着财权与事权不明确、不匹配，转移支付过程中的“不透明”，使得对农村的转移支付中出现了比较严重的交叉重复、层层“缩水”和“挪用”资金等问题，降低了转移支付资金的利用效率。

（6）公共服务主体较为单一

受各种不同因素制约，新疆公共服务供给主体较为单一，机制僵化、不灵活，影响了地方政府公共服务供给能力的提升。新疆地区公共服务供给多以自筹

① 数据来源：新疆信息网，http：//www.xj.cei.gov.cn，2012－03－15。

资金投资为主，2009 年自筹资金比例为 83.59%，2010 年为 70.38%；并且新疆来自国家预算内资金较多，利用外资和社会资金较少，2010 年新疆农村来自国家投入的资金占比为 14.70%，相对其他地区而言处于高位水平。从系统的角度看，地方政府作为公共服务的主体未能形成“合作”供给效率或均衡组织效率；尤其是在农村，政府与村民自治组织是当前公共服务供给的主导性主体，而社会组织、企业和个体的服务供给数量少、比重小，供给优势未能充分发挥。

第7章 新疆城乡居民基本公共服务满意度与优先序调查

为了更全面地把握新疆城乡基本公共服务的供给水平，并为供给决策者提供全面有价值的决策参考，有必要基于居民需求视角对城乡居民基本公共服务供给满意度水平及迫切需要的基本公共服务各项内容的优先序进行测度。下文主要围绕城乡居民基本公共服务满意度及差异、城乡居民基本公共服务需求优先序及差异展开分析。

7.1 数据来源与研究方法

7.1.1 调查内容设定与调查样本

本次调查对象主要分为农民、城镇居民。新疆城市居民和农民调查内容主要包括以下三个方面：一是城乡居民家庭关于成员构成、年收入、年龄、性别、民族、教育程度等基本情况；二是城乡居民对基本公共服务各项内容重要性判断，以及对所在地基本公共服务供给的满意程度状况；三是城乡居民根据需求迫切程度对基本公共服务内容的需求优先序。

调研样本覆盖了新疆2个地级市、6个地区、5个自治州和部分直辖县级行政单位等所有行政区①，涉及42个县级市及96个村镇。问卷调查分为城市、农村居民两部分，共回收农村问卷654份、城市问卷459份，调查问卷回收率分别

① 新疆行政区划包括2个地级市（乌鲁木齐市和克拉玛依市）、6个地区（吐鲁番地区、哈密地区、阿克苏地区、喀什地区、和田地区、阿勒泰地区）、5个自治州（昌吉回族自治州、博尔塔拉蒙古自治州、巴音郭楞蒙古自治州、克孜勒苏柯尔克孜自治州、伊犁哈萨克自治州）、自治区直管县级行政单位（属于兵团单位，调研仅选取石河子市）。

达到93.4%和91.8%，问卷有效率分别达到74.6%和73.2%。

7.1.2 研究方法

满意度评价法主要来源于“顾客满意度评价法”，满意度是用来衡量个体满意程度的数字，是可以通过常用加总、加权等方式进行计算所得。不同类别的被调查者的心理状态打分被加总或加权后的总分或均值就表达了该群体或个人对某一事物的态度。当前满意度测度不但用在企业，而且也被广泛用于测度居民对政府公共服务、基本公共服务供给的满意情况。

在满意度综合评价中，评价对象各子指标满意度赋权值对满意度总体评价有较大影响，因此决定如何赋权比较重要。目前国内学者采用的满意度综合评价赋权方法主要包括层次分析法、因子分析法、均值法和频数法等。本文研究的是新疆城乡居民基本公共服务满意度，因此城乡居民对基本公共服务重要性的判断及其满意度评价对总体评价而言是至关重要的。因此，本研究在综合评价城乡居民基本公共服务时采用城乡居民对不同基本公共服务的重要性打分作为该指标的权重，即：

居民某指标综合满意度 = $\sum$ 各子指标重要性权重 × 各子指标的满意度

本研究运用李克特量表五等分的方法为居民对各指标重要性和满意度评价水平等级赋值①，“最重要” = 5分，“第二重要” = 4分，“第三重要” = 3分，“第四重要” = 2分，“不重要” = 1分；“非常满意” = 5分，“满意” =4分，“一般” = 3分，“不满意” = 2分，“很不满意” = 1分。

7.2 城乡居民基本公共服务满意度及差异

7.2.1 城乡居民对基本公共服务总体满意度评价及差异

(1) 城乡居民基本公共服务总体满意度评价

表7-1是新疆城乡居民基本公共服务满意度的综合水平。从整体看，新疆

① 美国著名社会心理学家李克特认为，满意是可以按照阶梯理论划分为若干层次，比如可以划分为五层、七层、十层等级度。例如五层可以划分为非常满意、满意、一般、不满意和很不满意，并根据满意度高低分别赋值5、4、3、2、1。

城乡居民对基本公共服务各项内容满意度值都大于3，但小于4，表明新疆城乡居民对当地基本公共服务供给水平基本满意，但满意度并不高。从基本公共服务各项内容不同分类来看，新疆城乡居民对公共基础设施等偏“硬性”的基本公共服务满意度相对较高，而对公共卫生医疗、基础教育、社会保障和行政服务等偏“软”的基本公共服务满意度较低，这主要与西部大开发以来国家和新疆维吾尔自治区更注重对相对落后、见效快、有实物形体、有助于GDP增速的基础设施建设和环境保护等投入较大并取得大幅改善有关，而偏软的基本公共服务因见效慢、存在溢出效应等缘故建设相对滞后。因此，今后新疆基本公共服务供给重点应该从“打基础”向“保民生”转移。

从城乡居民对当地基本公共服务满意度值的大小来看，城市居民对基本公共服务供给水平满意度普遍高于农民，这与政府长期城市偏向的资源配置、城市基本公共服务供给水平远高于农村基本公共服务水平有关，这符合新疆现实情况；从另外一个角度来看，城乡基本公共服务供给差距较大、资源配置不均衡问题比较突出。今后，政府在基本公共服务供给中应将重心由城市向农村转移。

表7-1　新疆城乡居民基本公共服务供给综合满意度及差异

指标	基础教育	公共卫生医疗	社会保障	公共基础设施	公共安全	环境保护	行政服务	民族团结	就业服务	文化娱乐服务	科技信息服务
农村	3.305	3.369	3.355	3.452	3.429	3.254	3.257	3.741	3.369	3.218	3.323
排序	8	4	6	2	3	10	9	1	5	11	7
城市	3.406	3.408	3.400	3.572	3.512	3.440	3.163	3.656	3.418	3.481	3.448
排序	9	8	10	2	3	6	11	1	7	4	5

(2) 城乡居民基本公共服务满意度差异

如表7-1所示，新疆农民对农村基本公共服务各项内容供给水平综合满意度值介于3.218~3.741，介于“满意”和“一般”之间，其中对各项公共服务内容的满意度由高到低排序依次为：民族团结>公共基础设施>公共安全>公共卫生医疗>就业服务>社会保障>科技信息服务>基础教育>行政服务>环境保护>文化娱乐服务。农民对政府在“民族团结”方面的努力最满意，这与国家和新疆维吾尔自治区各级政府在促进民族融合、团结互助方面的努力和成果相关，在2009年“七五事件”发生前后，自治区通过多种形式推动新疆各族人民团结一心、共渡难关、建立了深厚的兄弟情谊，各族群众对政府努力相对满意。“公共基础设施”的满意度排在第二位，这与西部大开发实施以来国家和自治区

加大了道路交通、通信通电、饮水安全、农田水利整治等方面投入并取得较大改善有关，巨大的基础设施条件改善使农民感到较为满意；“公共安全”被农民排在第三位，这与多年来新疆在复杂的局势下相对稳定、社会秩序井然有关，除“三股势力”搞暴力破坏外，社会治安管理整体较好，民众相对满意；排在第四位和第六位的分别是“公共卫生医疗”和“社会保障”，两者满意度值相差并不大，这与新疆2003年开始新农合试点工作以来加大了农村基层基本公共卫生医疗服务投入，基本公共卫生医疗条件取得较大改善有关。农民对“基础教育”的满意度排序较为靠后，这与当前农村基础教育水平仍然较低、优秀师资短缺问题普遍、城乡差距依然较大有关；排在后三位的分别是“行政服务”、“环境保护”和“文化娱乐服务”，这与基层领导干部素质不高、服务意识和服务质量较差有关；对“环境保护”满意度不高，主要是源于新疆生态环境相对脆弱、恶劣，部分地区盲目开发导致本不宽裕的水资源严重短缺，许多河流、湖泊萎缩断流，土地荒漠化比较严重；对“文化娱乐服务”满意度最低，这表明农民随着收入水平提升，农村文化娱乐设施较少，对农村基本公共服务内容需求层次有待提升。

如表7-1所示，城市居民基本公共服务各项内容的满意度由高到低依次是：民族团结 > 公共基础设施 > 公共安全 > 文化娱乐服务 > 科技信息服务 > 环境保护 > 就业服务 > 公共卫生医疗 > 基础教育 > 社会保障 > 行政服务。城市居民基本公共服务满意度值介于3.163～3.656，介于“满意”与“一般”之间，但整体满意度水平高于农民，尤其是在“基础教育”、“基础设施”、“文化娱乐服务”、“环境保护”、“科技信息服务”等方面的满意度高0.1左右，主要可归因于城市这几类基本公共服务水平远高于农村平均水平的现实。与农村满意度排序相比，城市居民满意度前三位公共服务内容与农民排序完全一致，表明城乡居民对政府在“民族团结”、改善“公共基础设施”、保障“公共安全”方面的努力达成了共识，满意度相对较高。排序相差较大的是城镇居民对公共“文化娱乐服务”的满意度远高于农民，这也符合城乡现实情况。在“科技信息服务”和“环境保护”方面，城镇居民可以比较便利地享受到城市通信、邮政、有线电视和宽带网络等现代化科技等公共服务，而农村则相对滞后、不太便利；城市环境由政府公共财政承担，公共交通、绿化、道路清洁、垃圾清运等都无需城市居民再付费，环境条件优越，而农村由于缺乏政府资金支持，公共卫生和环境治理等都需要农民筹资筹劳供给，并且供给水平较低，因为筹资困难导致“公地悲剧”、脏乱差问题比较普遍。与农村相比，城市居民对“公共卫生医疗”、“基础教育”和“社会保障”服务的满意度排序较为靠后，但从满意度值来看仍高于农民，可能与城镇医疗条件、基础教育条件较好和社会保障体系与农村相比较为完善有关。

7.2.2 城乡居民对具体公共服务供给的满意度及差异

为进一步了解新疆城乡居民对当地基本公共服务各项内容的满意度评价，有必要在把握新疆城乡居民基本公共服务综合满意度水平的基础上，对各项公共服务内容的子指标满意度进行评估，希望对基本公共服务供给者在具体基本公共服务供给决策中有所帮助。

(1) 城乡居民对基础教育供给满意度评价及差异

基础教育内容相当丰富，本节选取初中小学教学硬件条件、初中小学师资水平（指代软件）、初中小学升学率、教育资源配置公平性、子女接受基础教育的便利性五个方面来评价农民对农村基础教育的满意度。如表 7－2 所示，新疆城乡居民对基础教育满意度值介于 3.19～3.51，偏向“一般”，表明城乡居民对当地基础教育基本满意，但满意度并不高。

如表 7－2 所示，新疆农民对基础教育各项内容的满意度按照由高到低顺序依次为：初中小学升学率 > 初中小学教学硬件条件 > 子女接受基础教育的便利性 > 初中小学师资水平（指代软件） > 教育资源配置公平性。而新疆城市居民对基础教育各项内容的满意度按照由高到低顺序依次为：初中小学教学硬件条件 > 子女接受基础教育的便利性 > 初中小学升学率 > 初中小学师资水平（指代软件） > 教育资源配置公平性。整体而言，城乡居民对“教育资源配置公平性”都非常不满意；城市居民对当地基础教育水平的满意度要高于农民，并且对硬件的满意程度要高于软件。一般而言，硬件水平可以通过加大资金投入而得到快速提升，而软件水平受环境影响较大，快速的投资并不一定能快速改变周边的教育环境，因此软件提升相对较慢。

表 7－2 新疆城乡居民对基础教育服务供给满意度比较

指标	初中小学教学硬件条件	初中小学师资水平	初中小学升学率	教育资源配置公平性	子女接受基础教育的便利性
农村	3.376	3.284	3.341	3.211	3.310
城市	3.508	3.377	3.474	3.194	3.481

(2) 城乡居民对基本公共卫生医疗供给的满意度评价及差异

与基础教育一样，基本公共卫生医疗服务包含的内容也相当丰富，仅国家公布的公共卫生服务内容就包括 10 项，主要从总体角度筛选了 7 项指标来衡量新疆城乡居民对当地基本公共卫生医疗服务的满意度水平。如表 7－3 所示，新疆

城乡居民对基本公共卫生医疗服务的满意度值介于3.20～3.55，最低值和最高值都高于基础教育的平均满意度水平，但满意度值也同样多为“一般”，表明城乡居民对当地基本公共卫生医疗服务基本满意，但满意度水平并不高。与基础教育相同，城市居民对当地基本公共卫生医疗服务水平的满意度要高于农民，对硬件的满意程度要高于软件，其中对“饮水安全”、“儿童免疫接种”和“孕产妇保健”的满意度最高，对当地的卫生医疗服务水平满意度最低。

表7－3 新疆城乡居民对基本公共卫生医疗服务供给满意度比较

指标	常去的卫生医疗机构硬件条件	常去的卫生医疗服务水平	看病就医的便捷性	传染病、突发病防控	孕产妇保健和儿童免疫接种	饮水安全	食品安全
农村	3.242	3.207	3.282	3.354	3.494	3.546	3.454
城镇	3.368	3.302	3.366	3.452	3.545	3.506	3.322

如表7－3所示，新疆农民对基本公共卫生医疗服务各项内容的满意度按照由高到低顺序依次为：饮水安全>孕产妇和儿童保健、免疫>食品安全>传染病、突发病防控>看病就医的便捷性>常去的卫生医疗机构硬件条件>常去的卫生医疗服务水平；新疆城市居民对基本公共卫生医疗服务各项内容的满意度按照由高到低顺序依次为：孕产妇和儿童保健、免疫>饮水安全>常去的卫生医疗机构硬件条件>看病就医的便捷性>传染病、突发病防控>食品安全>常去的卫生医疗服务水平。与农民对基本公共卫生医疗满意度排序相比，城市居民满意度排序相差较大；其中城镇居民对“孕产妇和儿童保健、免疫”的满意度最高，这也归功于国家免费为婴幼儿接种免疫整体提升了婴幼儿健康水平。此外，城市居民对“常去的卫生医疗机构硬件条件”的满意度排在第三位，远高于农民的满意度，这主要是源于城市医院医疗条件较高，能享受到较高水平的医疗服务。城市居民对“食品安全”满意度水平排在倒数第二位，主要源于城镇居民食品难以自给自足，市场供给的食品安全辨别成本较高，因此满意度较低。

（3）城乡居民对社会保障满意度评价及差异

主要选取城乡居民普遍比较关心的五个具体服务内容来衡量新疆城乡居民对社会保障的满意度水平。如表7－4所示，新疆城乡居民对社会保障的满意度值介于3.170～3.595，满意度值偏向“一般”，表明城乡居民对社会保障满意度的整体评价并不高；其中城乡居民对社会保障各项内容满意度排序大致相同，都是对医疗保险满意度较高，对住房保障满意度最低。整体而言，城市居民对社会保障满意度高于农民，尤其是在“基本养老保障水平”、“最低生活保障”和“对困难人群的救助力度”方面。

表 7－4　新疆城乡居民对社会保障供给满意度比较

指标	新医保、新农合或医疗保险	基本养老保障水平	最低生活保障	对困难人群的救助力度	旧房改造/经济适用房
农村	3.595	3.397	3.312	3.218	3.209
城镇	3.538	3.538	3.407	3.314	3.170

如表 7－4 所示，新疆农民对社会保障各项内容的满意度按照由高到低顺序依次为：新医保、新农合或医疗保险 > 基本养老保障水平 > 最低生活保障 > 对困难人群的救助力度 > 旧房改造/经济适用房。新疆城镇居民对社会保障各项内容的满意度按照由高到低顺序依次为：新医保、新农合或医疗保险 = 基本养老保障水平 > 最低生活保障 > 对困难人群的救助力度 > 旧房改造/经济适用房。该顺序与农民对社会保障满意度的排序大致相同，差异之处在于城镇居民对"医疗保险"和"养老保险"的满意度大致相同，表明新疆城乡居民对社会保障水平已达成共识。农民对"医疗保险"的满意度大于"养老保险"，源于新农合实施较早，农民认可度比较高；农民对"住房改造"满意度最低，可能是因为旧房改造项目实施过程不透明、重城市轻乡村以及监管机制不完善。

（4）城乡居民对公共基础设施满意度评价与差异

公共基础设施指标也较多，主要选取道路交通、农田水利、邮政通信、供水供电供气四个方面来衡量新疆城乡居民对其满意度水平。如表 7－5 所示，新疆城乡居民对公共基础设施服务水平满意度相对较高，满意度值均在 3.4 以上。整体而言，城镇居民对公共基础设施的满意度普遍高于农民。

表 7－5　新疆城乡居民对公共基础设施供给满意度比较

指标	道路交通	农田水利	邮政、电视、通信、网络	供电、供水、供气
农村	3.445	3.443	3.412	3.503
城镇	3.533	3.506	3.653	3.595

如表 7－5 所示，新疆农民对公共基础设施各项内容的满意度按照由高到低顺序依次为：供电、供水、供气 > 道路交通 > 农田水利 > 邮政、电视、通信、网络；新疆城市居民对公共基础设施各项内容的满意度按照由高到低顺序依次为：邮政、电视、通信、网络 > 供电、供水、供气 > 道路交通 > 农田水利。与农民相比，城市居民满意度的最大差异在于对"邮政、电视、通信、网络"最为满意，这主要源于西部大开发以来国家和自治区加大了城市邮电通信网络建设，在城市

几乎实现了全覆盖，城市居民享受到便利的基础设施服务。西部大开发以来国家和自治区政府也加大了对农村电网改造和安全饮水工程的投资力度，并在农村大力发展沼气能源建设，因此农民满意度较高；农民对“邮政、电视、通信、网络”等服务的满意度最低，一方面可能与农民收入水平等提高后对宽带网络、有线电视等公共服务需求提高；另一方面可能与新疆地广人稀、农民居住较为分散的地域特征和人文环境有关；分布在高寒地带或沙漠边缘的部分农村村庄，尚无法实现有线电视、网络宽带的全覆盖，部分村庄甚至还没有通电，该问题可能在短期内较难加以解决。

（5）城乡居民对公共安全供给的满意度评价与差异

公共安全对新疆城乡居民而言，重要性高于内地省份，这也是本研究重点关注的具有新疆地域特色的基本公共服务内容。主要选取社会治安、交通肇事治理、群体性治安事件处理、各种纠纷调解、边疆安全、自然灾害救助六个指标来衡量新疆城乡居民对公共安全服务的满意度水平。如表7－6所示，从整体上看新疆城乡居民对公共安全的满意度值介于3.3～3.6，满意度水平相对较高，其中城市居民对各指标的满意度均高于农民。

表7－6　新疆城乡居民对公共安全供给满意度比较

指标	社会治安	交通肇事治理	群体性治安事件处理	各种纠纷调解	边疆安全	自然灾害救助
农村	3.540	3.372	3.386	3.322	3.537	3.387
城镇	3.544	3.462	3.421	3.448	3.606	3.582

如表7－6所示，新疆农民对公共安全各项内容的满意度按照由高到低顺序依次为：社会治安＞边疆安全＞自然灾害救助＞群体性治安事件处理＞交通肇事治理＞各种纠纷调解；新疆城市居民对公共安全各项内容的满意度按照由高到低顺序依次为：边疆安全＞自然灾害救助＞社会治安＞交通肇事治理＞各种纠纷调解＞群体性治安事件处理。与农民最大不同的是，城市居民将“边疆安全”放在第一、将“对群体性治安事件处理”放在最后；城市居民对“边疆安全”满意度较高，主要归因于我国与新疆周边国家关系比较友好；对“群体性治安事件处理”比较不满意可能是因为近几年出现的暴力性群体事件主要发生在城市，城市居民对此比较担忧。因此，今后政府在公共安全方面应该继续加强对群体性事件的防范和危机管理。

（6）城乡居民对环境保护水平的满意度评价与差异

新疆生态环境相对比较脆弱，城乡居民对生态环境改善的要求相对较高。根据生态环境的相关研究及新疆的现实情况筛选了5项指标来衡量新疆城乡居民对环境保护的满意度水平，如表7－7所示。从整体和各项指标来看，城市居民对环境保护的满意度远高于农民，满意度值平均相差0.1以上；从城乡居民对环境保护的满意度值来看，主要介于3.10～3.58，满意度水平相对较低，其中城乡居民均表示对垃圾处理、环境卫生满意度最低。

表7－7　新疆城乡居民对环境保护供给满意度比较

指标	公共环境清洁	空气质量维护	绿化率、森林覆盖率	垃圾处理、环境卫生	风沙防治、水土草场资源保护
农村	3.301	3.309	3.299	3.104	3.257
城镇	3.589	3.465	3.438	3.351	3.350

如表7－7所示，新疆农民对环境保护各项内容的满意度按照由高到低顺序依次为：空气质量维护 > 公共环境清洁 > 绿化率、森林覆盖率 > 风沙防治、水土草场资源保护 > 垃圾处理、环境卫生。新疆城市居民对环境保护各项内容的满意度按照由高到低顺序依次为：公共环境清洁 > 空气质量维护 > 绿化率、森林覆盖率 > 垃圾处理、环境卫生 > 风沙防治、水土草场资源保护。从整体看农民对环境保护的满意度不高，满意度值最高才达到3.309，这主要是源于新疆属于自然生态环境比较脆弱地区，气候干燥少雨，土地荒漠化比较严重，南疆大部分地区多大风沙尘天气。与农民最大不同的是，城市居民对"公共环境清洁"比较满意，这与城市环卫服务由政府免费供给、专门的环卫部门和工人负责城市环卫工作有关，而农村该项基本公共服务仍普遍较为稀缺；与农民相同的是城市居民对"垃圾处理、环境卫生"和"风沙防治、水土草场资源保护"的满意度相对最低，说明该问题对于城乡居民已经达成共识，这可能主要与新疆自然生态环境比较脆弱、荒漠化比较严重有关。

（7）城乡居民对行政服务的满意度评价及差异

供给基本公共服务是政府的基本职能，而行政服务作为基本公共服务的一项重要内容，服务的质量、效率高低和是否公平、公正则会直接影响城乡居民对基本公共服务的整体满意度评价；行政服务在国内学者的相关研究中并没有引起重视，本研究充分考虑了该因素，并取得了有价值的结论。主要选取了公务人员服务态度、办事效率、基层民主自治与管理、干部秉公办事、政务公开等四项指标来衡量新疆城乡居民对行政服务的满意度水平，如表7－8所示。从整体和各项指标来看，城乡居民对政府行政服务满意度值介于3.08～3.34，平均值和极值都较小，满意度属于一般偏上水平，相对基本公共服务其他内容满意度最低。农民对行政服务的满意度相对高于城镇居民，这也是与其他基本公共服务较大不同之处。从四项行政服务指标的满意度排序来看，城乡居民排序大致相同，均对“基层民主自治与管理”满意度最高，而对“公务人员办事效率”最不满意，表明城乡居民已经对行政服务水平形成共识，是客观存在的现实性问题。

表7－8　新疆城乡居民对行政服务供给满意度比较

指标	公务人员服务态度	公务人员办事效率	基层民主自治与管理	干部秉公办事、政务公开
农村	3.255	3.217	3.338	3.226
城镇	3.161	3.085	3.268	3.145

如表7－8所示，新疆农民对行政服务各项内容的满意度按照由高到低顺序依次为：基层民主自治与管理>公务人员服务态度>干部秉公办事、政务公开>公务人员办事效率。新疆城市居民对行政服务各项内容的满意度顺序与农民相同，按照由高到低顺序依次为：基层民主自治与管理>公务人员服务态度>干部秉公办事、政务公开>公务人员办事效率，但整体满意度水平低于农民对行政服务的评价。这主要可能归因于城市居民教育程度较高，对民主、公平、公务人员服务效率和水平的期望较高，而部分公务人员官本位思想、官僚习气还比较严重而导致满意度较低。从整体看，农民对行政服务满意度不高，其中满意度值最高才达到3.38。四项指标中，农民对“基层民主自治和管理”的满意度相对最高，这可能源于近几年自治区政府大力推动农村基层民主建设取得成效，民主评议、民主决策、民主管理和民主监督为主要内容的村民自治有了较大进步，群众的知情权、参与权、决策权和监督权逐渐受到尊重；农民对基层行政人员办事效率满意度相对较低，表明今后各级政府应将提升行政服务效率作为提升行政服务水平和质量的重要手段。

（8）城乡居民对其他基本公共服务的满意度评价与差异

如表7－9所示，新疆城镇居民对“民族团结”、“就业服务”、“文化娱乐”、“科技、信息服务”方面的满意度均高于农村。从城乡居民对“民族团结”的满意度值在基本公共服务所有三级指标中数值最高；由此不难看出，自治区各级政府在促进民族团结方面做的大量工作取得了成效，得到了各族居民的普遍认可。在“技能培训、就业服务”方面和“文化娱乐设施及服务”方面，城市由于人口多而密集，各种技能培训服务、就业指导服务以及娱乐设施的建设都有规模效益，因此培训服务、就业指导服务方面做得相对较好；此外，城市文化娱乐设施较多，也能更好地满足城市居民日益增长的文化娱乐需求。城市居民对“科技、信息服务”的评价也高于农村，这与基础设施供给满意度评价中城乡居民对

“邮政、电视、通信、网络”的评价是一致的。正是由于城市在电视、网络等基础设施方面的先进性和农村在这些方面的落后性，导致了农村信息服务水平落后于城市。

表7-9　新疆城乡居民对其他项目供给满意度比较

指标	民族团结	技能培训或就业服务	文化娱乐设施及服务	科技、信息服务
农村	3.741	3.369	3.218	3.322
城镇	3.656	3.418	3.481	3.448

综上所述，新疆城乡居民对当地基本公共服务的供给水平基本满意，但满意度并不高。从基本公共服务各项内容的不同分类来看，新疆城乡居民对公共基础设施等偏“硬性”的基本公共服务满意度相对较高，而对公共卫生医疗、基础教育、社会保障和行政服务等偏“软”的基本公共服务满意度较低。从城乡居民对当地基本公共服务的满意度值来看，城市居民对基本公共服务供给水平的满意度普遍高于农民，主要归因于城市的基本公共服务供给水平远高于农村的平均水平，但也从侧面反映了新疆城乡基本公共服务供给差距较大、公共资源配置不公平问题比较突出。因此，政府在推进城乡基本公共服务一体化进程中，应将重心由城市向农村转移。

7.3　城乡居民基本公共服务优先序调查分析

在充分考虑基本公共服务内涵特征、国家“十二五”规划纲要及新疆农户基本公共服务需求独特性等因素基础上，将新疆城乡基本公共服务内容确定为基础教育、公共卫生医疗、社会保障、公共基础设施、公共安全、公共文化娱乐、环境保护、科技服务、就业服务、行政服务和民族团结等11项内容。为全面、深入地把握新疆城乡居民最迫切需要的基本公共服务优先序，下文从不同区域、城乡和民族等多角度进行了剖析。下文综合运用了最优选项频数法①、加权

① 调研中了解到部分农户对排第一位的基本公共服务需求迫切强度要远大于第二位，因此假定农户对排第一位服务的效用远大于第二位，并以此类推，则农户基本公共服务优先序可通过比较排第一位的频数大小得出，如果第一位频数相同，则比较第二位，以此类推，称该方法为“首选决定法”。

频数法①以及系统聚类分析法，利用SPSS17.0软件对调查数据进行统计和聚类分析。

7.3.1 新疆受访城乡居民的基本公共服务需求优先序

(1) 新疆受访农民的基本公共服务需求优先序

调查问卷中要求农户根据真实需求的急迫程度对11项基本公共服务内容依次做出优先序选择，“最急迫”选1，其次为2，依次类推，相比之下急迫程度最低的选11②。根据问卷调查结果，运用SPSS17.0软件计算出各项基本公共服务在不同位次上出现的频数及加权频数均值（见表7-10）。依据首选决定法得出新疆受访农户最迫切需要的基本公共服务优先序为：基础教育>公共卫生医疗>社会保障>公共安全>民族团结>就业服务>环境保护>公共基础设施>行政服务>科技服务>公共文化娱乐③。由加权频数法得出的优先序为：基础教育>公共卫生医疗>社会保障>公共安全>就业服务>民族团结>公共基础设施>环境保护>行政服务>科技服务>公共文化娱乐。从以上两种方法得出的结论来看，前四位与后三位优先序是相同的，中间的第五位与第六位、第七位与第八位次序不同，但两者之间首选频数和均值比较接近。

表7-10 新疆受访农户不同基本公共服务需求序次频数及其加权均值

选项	第一	第二	第三	第四	第五	第六	第七	第八	第九	第十	第十一	总计	均值
基础教育	222	82	73	60	24	15	8	14	4	8	12	522	2.82
公共卫生医疗	76	121	103	72	40	27	28	10	15	21	9	522	3.83
社会保障	71	95	75	77	72	43	30	18	18	14	9	522	4.15
公共基础设施	17	27	40	56	69	74	51	76	48	36	28	522	6.26
公共安全	59	59	56	65	51	57	63	40	35	22	15	522	5.10
环境保护	28	35	34	31	67	63	70	60	64	43	27	522	6.34
科技服务	7	15	21	36	36	48	57	81	85	72	64	522	7.56

① 调研中也发现，农户在判断不同选项优先序时比较困难，各选项间差别不大。借鉴李克特量表，对不同序次基本公共服务内容依次打分，排序第一位计为1分，第二位为2分，依次类推。本研究依据加权均值大小来判断优先序，均值越小越优先。

② 从问卷调查结果和调研回访中发现，少数农户在基本公共服务优先序选择中对部分选项很难分出伯仲，出现并列选择的情况，比如出现同时将基础教育、公共安全选为“1”，这表明在农户心中这两项都是需求最迫切的，是并列排名第一的。因此会出现首选频数大于样本数的情况，比如表7-10中，样本总数为522，而首选频数为577。该情况的出现，对于本研究运用的判断农户基本公共服务需求优先序的首选决定法、加权频数法和聚类分析法而言，分析不受影响，得出的结果同样具有正确性和科学性。

③ “>”表示优先于。

续表

选 项	第一	第二	第三	第四	第五	第六	第七	第八	第九	第十	第十一	总计	均值
公共文化娱乐	1	14	11	19	19	25	40	51	74	109	159	522	8.77
行政服务	9	21	16	40	46	61	57	60	82	80	50	522	7.32
民族团结	45	38	60	41	43	53	61	52	37	48	44	522	6.01
就业服务	42	62	56	45	55	51	40	45	34	44	48	522	5.76

如图 7－1 所示，根据聚类分析中的系统分析，农户迫切需要的基本公共服务可明显聚为六类，结合前两种方法得出的结果，可以得出以下共性结论，即农户所需基本公共服务根据急迫程度分为六层：第一层“基础教育”、“公共卫生医疗”和“社会保障”，其中，基础教育 > 公共卫生医疗 > 社会保障；第二层“公共安全”；第三层“民族团结”；第四层“就业服务”；第五层“公共基础设施”、“环境保护”；第六层“行政服务”、“科技服务”与“公共文化娱乐”，其中，行政服务 > 科技服务 > 公共文化娱乐。

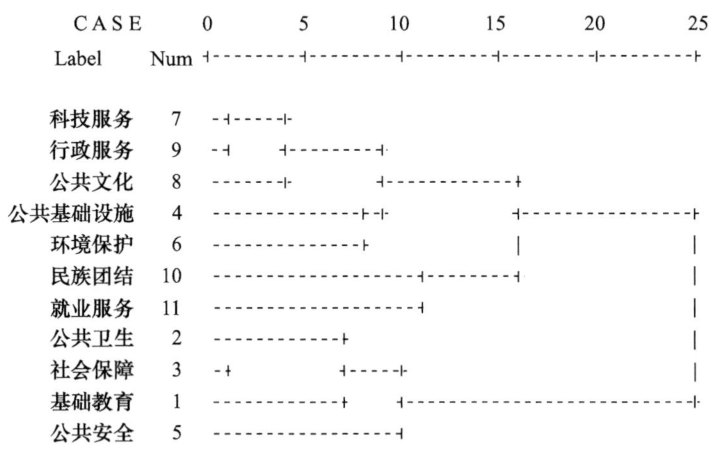

图 7－1　新疆农户基本公共服务聚类分析树状图

注：图中公共卫生、公共文化分别指公共卫生医疗和公共文化娱乐服务。

（2）新疆受访城镇居民的基本公共服务需求优先序

根据问卷调查结果，运用 SPSS 软件计算出各项基本公共服务在不同位次上出现的频数及加权频数均值（表 7－11）。如表 7－11 所示，依据首选决定法得出新疆受访城镇居民最迫切需要的基本公共服务优先序为：基础教育 > 社会保障 > 公共安全 > 就业服务 > 公共卫生医疗 > 民族团结 > 环境保护 > 公共基础设

施 > 行政服务 > 科技服务 > 公共文化娱乐。由加权频数法得出优先序为：基础教育 > 社会保障 > 就业服务 > 公共卫生医疗 > 公共安全 > 民族团结 > 公共基础设施 > 环境保护 > 行政服务 > 科技服务 > 公共文化娱乐。从以上两种方法得出的结论来看，前两位与后三位优先序相同，其中"公共安全"和"就业服务"、"环境保护"与"公共基础设施"次序不同。城镇居民基本公共服务需求优先序与农民相比，相同点是都将"基础教育"排在第一位，"行政服务"、"科技服务"、"公共文化娱乐"都被排在最后三位且次序相同；不同点主要表现在农民更重视"公共卫生"与"基础教育"，而城镇居民更重视"社会保障"和"就业服务"。

表7－11　新疆受访城镇居民不同基本公共服务需求序次频数及其加权均值

选　项	第一	第二	第三	第四	第五	第六	第七	第八	第九	第十	第十一	总计	均值
基础教育	121	70	53	31	29	22	18	6	6	4	5	365	3.134
公共卫生医疗	45	91	66	47	37	29	19	14	6	9	1	364	3.769
社会保障	78	58	66	61	44	23	6	14	10	5	1	366	3.549
公共基础设施	14	28	26	42	36	39	58	55	34	18	15	365	6.101
公共安全	66	38	33	51	58	40	22	19	19	16	3	365	4.507
环境保护	20	20	23	18	34	32	51	59	49	47	13	366	6.683
科技服务	10	7	22	12	19	26	31	36	66	87	50	366	7.945
公共文化娱乐	7	9	10	16	11	11	24	30	46	66	136	366	8.792
行政服务	14	13	18	13	28	46	50	62	49	42	31	366	7.131
民族团结	40	34	43	35	35	43	33	27	31	24	21	366	5.484
就业服务	59	83	69	45	34	30	12	14	10	5	4	365	3.6767

注：总计不到366的各个指标是因为调查中部分受访居民没有填写而导致数据缺失。

根据聚类分析，城镇居民迫切需要的基本公共服务可明显聚为七类，如图7－2所示。结合前两种方法得出的结果，可以得出以下共性结论，即城镇居民所需的基本公共服务根据急迫程度分为七层：第一层"基础教育"、"公共卫生医疗"、"社会保障"，其中基础教育 > 社会保障 > 公共卫生医疗；第二层"公共安全"；第三层"就业服务"；第四层"民族团结"；第五层"公共基础建设"；第六层"环境保护"；第七层"行政服务"、"科技服务"与"公共文化娱乐"，其中行政服务 > 科技服务 > 公共文化娱乐。

综上可知，"基础教育"被排在第一位，表明城镇居民与农民一样对"基础教育"需求最为迫切，并且排第一位的频数及加权均值远优于排在第二位的"社会保障"；由此表明，城乡居民对"基础教育"的重视已经达成共识。城乡居

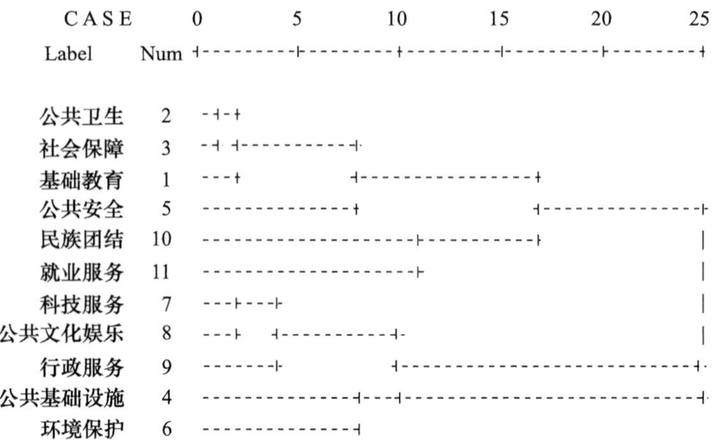

图 7-2　城镇居民基本公共服务聚类分析树状图

民都认为"社会保障"和"基本公共卫生医疗"的迫切程度仅次于"基础教育"，两者不同之处在于城镇居民对"社会保障"需求更为迫切，首选频数和均值也比"公共卫生医疗"高出许多。城镇居民和农民都将"公共安全"放在第四位，其中城镇居民在 11 项基本公共服务需求优先序中将"公共安全"排在第三位，农民则将其排在第四位；这可能源于新疆作为边疆民族地区，长期以来"三股势力"活动较为猖獗，社会不稳定因素较多，容易激发居民放大对"公共安全"服务的需求。城镇居民对"就业服务"的重视程度远高于农民，可能源于农民有土地保障底线的前提下就业压力较小；城镇职工失业对家庭收入和生活质量冲击较大，因此对"就业服务"需求更为迫切。城乡居民对"科技服务"、"公共文化娱乐"的排序都较为靠后。此外，新疆城乡居民对"环境保护"、"基础设施建设"排序没有"基础教育"、"社会保障"、"公共卫生医疗"、"公共安全"和"就业服务"靠前，主要是由于国家第一轮西部大开发战略主要是"打基础"阶段，2000～2010 年国家侧重加强对新疆等西部地区的"基础设施建设"和"环境保护"的投资力度和条件改善，城乡居民感触较深，故而满意度比较高；同时随着基础设施、环境保护等"偏硬"的基本公共服务水平的提升，居民收入水平的提高，居民对子女教育、社会保障和卫生医疗等方面的需求增加较快，因此出现这两方面公共服务比"基础教育"、"社会保障"和"公共卫生医疗"等方面服务需求相对滞后。但也需要清醒地指出，目前"基础设施建设"和"环境保护"这两方面基本公共服务与发达地区相比仍然存在较大差距，需要国家和自治区大力投入，更加注重"打基础"向"保民生"的战略转变。

7.3.2　城乡少数民族居民基本公共服务需求优先序

（1）农村少数民族农户基本公共服务需求优先序

如表 7－12 所示，由首选决定法和加权频数法得出的共性结果是排前两位和后五位的公共服务内容次序都相同，前两位依次是“基础教育”、“社会保障”，后五位依次是环境保护 > 公共基础设施 > 行政服务 > 科技服务 > 公共文化娱乐；结合聚类分析结果，少数民族受访农户所需的基本公共服务可依次分为五层：第一层为“基础教育”、“社会保障” 和 “公共卫生医疗”，其中基础教育 > 社会保障 > 公共卫生医疗；第二层为“就业服务” 和 “民族团结”，前者优先；第三层为“公共安全”、“环境保护”，前者优先；第四层为“公共基础设施”；第五层为“行政服务”、“科技服务” 和 “公共文化娱乐”，其中行政服务 > 科技服务 > 公共文化娱乐。

表 7－12　受访少数民族农户对农村基本公共服务选项的首选频数及加权均值

选项	基础教育	公共卫生医疗	社会保障	公共基础设施	公共安全	环境保护	科技服务	公共文化娱乐	行政服务	民族团结	就业服务
频数	75	21	33	6	22	10	1	0	2	14	21
均值	2.72	4.11	3.91	6.54	5.44	6.47	7.82	9.09	7.22	6.01	5.28

注：少数民族农户样本总数为 188 户。

与新疆农户平均水平相比，少数民族农户对“社会保障” 比较重视，可能是源于收入水平相对较低①，这些农户对低保、社会救济和养老保障比较重视。此外，少数民族群众对“就业服务” 也较重视，可能是因为大部分少数民族农民不愿意离开当地，本地的就业机会相对较少；同时由于语言、劳动技能水平偏低等原因，难以找到技术含量高、薪酬高的工作，试图通过技能培训等提高收入和就业；调研中还发现民族群众的特殊需求，即双语教师和懂得少数民族语言的医生仍较短缺。

（2）城市少数民族居民基本公共服务需求优先序

根据表 7－13 数据，由首选决定法和加权频数法得出少数民族城市居民具有共性优先序结果依次为：“基础教育” 都排在第一位，“公共安全”、“社会保

① 根据调查数据计算，少数民族家庭户均总收入 28 058 元、人均总收入 5 709 元，低于全样本户均总收入 34 181.74 元、人均收入 7 540 元。

障”、“民族团结”和“公共卫生医疗”排在第二至第五位之间，其中对“公共安全”和“社会保障”的需求迫切程度相对较高；而“科技服务”和“公共文化娱乐”也被排在最后两位。聚类分析后的结果如图 7－3 所示，城镇少数民族居民的基本公共服务可明显聚为六类，结合以上首选决定法和加权频数法两种分析的优先序结果，可根据少数民族城镇居民需求迫切程度将基本公共服务分为六层：第一层为“基础教育”、“社会保障”、“公共卫生”，其中基础教育 > 社会保障 > 公共卫生医疗；第二层为“公共安全”和“民族团结”，其中公共安全 > 民族团结；第三层为“就业服务”；第四层为“公共基础设施”；第五层为“环境保护”、“行政服务”和“科技服务”，其中环境保护 > 行政服务 > 科技服务；第六层“公共文化娱乐”。与少数民族农户相比，基本公共服务优先序的共性是都将“基础教育”排在第一位、“公共安全”排在第三位、“科技服务”和“公共文化娱乐”被排在最后两位；不同的是城市少数民族居民对“社会保障”、“公共安全”和“民族团结”更为重视，少数民族农户则对“公共卫生医疗”较为重视。

表 7－13　受访少数民族城镇居民对基本公共服务内容选项的首选频数及加权均值

选 项	基础教育	公共卫生医疗	社会保障	公共基础设施	公共安全	环境保护	科技服务	公共文化娱乐	行政服务	民族团结	就业服务
频数	52	22	31	7	41	11	7	5	12	24	17
均值	3.01	3.89	3.46	6.03	3.92	6.45	7.66	8.45	6.68	4.92	5.62

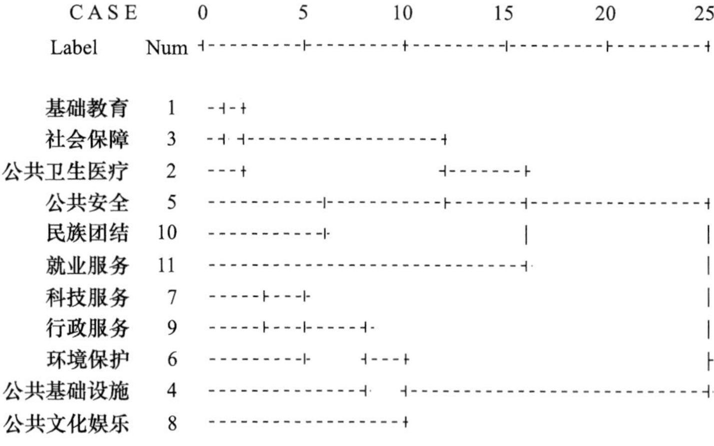

图 7－3　城镇少数民族居民基本公共服务聚类分析树状图

7.4 城乡居民基本公共服务供给的满意度与优先序调查结论

供给基本公共服务是公共型和服务型政府的主要职能，基本公共服务的供给水平高低关键在于基本公共服务的受益对象对这些服务的满意程度，高满意度表明基本公共供给水平比较高，低满意度表明基本公共服务供给水平存在较大差距。本章研究表明，新疆城乡居民对当地基本公共服务总体供给水平基本满意，但满意度并不高；从城乡居民满意度值大小来看，城市居民整体满意度水平高于农民，尤其是在“基础教育”、“基础设施建设”、“公共文化娱乐”、“环境保护”、“科技信息”服务等方面满意度值相差较大。从城乡居民对基本公共服务各项内容的满意度排序来看，城乡居民既具有共性也存在差别，共性的是城乡居民均将“民族团结”、“公共基础设施”和“公共安全”排在满意度前三位；不同之处在于农民在基本“公共卫生医疗”、“社会保障”方面的满意度排序比城镇居民靠前，但在对“环境保护”和“公共文化娱乐”方面满意度最低，排序落后于城镇居民，这主要是源于脆弱的生态环境对农民生产、生活的影响远大于城镇居民；而“公共文化娱乐”则是由于在农村公共文化娱乐服务方面政府基本上是缺位的，而城市这些方面的公共服务政府供给较为丰富和充足；城镇居民对“社会保障”和“行政服务”满意度最低，将之排在最后。从基本公共服务各项内容的不同分类来看，新疆城乡居民对公共基础设施等偏“硬性”的基本公共服务满意度相对较高，而对“公共卫生医疗”、“基础教育”、“社会保障”和“行政服务”等偏“软性”的基本公共服务满意度较低。总之，城市居民对基本公共服务供给水平满意度普遍高于农民，基本公共服务供给的城乡差距较大、城乡公共资源配给不公平问题比较突出。

从上文运用不同研究方法得出以城乡居民和城乡少数民族居民需求偏好视角的基本公共服务优先序结果来看，不同研究方法、不同研究对象和视角得出的结果具有一定的差异，但由于城乡居民关注的为同一对象——新疆基本公共服务优先序，因此总体上结果一致性较高。城乡居民相对偏好“准公共性”、“软”的基本公共服务；城乡居民均将“基础教育”排在首位，“公共安全”、“公共卫生医疗”和“社会保障”排序较为靠前，“民族团结”、“就业服务”、“公共基础设施”和“环境保护”被排在中间层次，而将“行政服务”、“科技服务”和“公共文化娱乐”服务排在较为靠后位置。

新疆农民需求最迫切的基本公共服务是“基础教育”，其次是“公共卫生医疗”、“社会保障”、“公共安全”和“民族团结”，其中“公共安全”和“民族团结”需求迫切程度高于“公共基础设施建设”和“环境保护”，尤其是对于少数民族农户公共服务需求更为迫切；排在最后三位的是“行政服务”、“科技服务”和“公共文化娱乐”。相对新疆农户，少数民族农户对“社会保障”和“就业服务”需求更为迫切；而汉族农户则更侧重于“基础教育”、“就业服务”和“环境保护”等公共服务。对于城市居民来说，迫切需求的“基础教育”被排在基本公共服务优先序中第一位，“公共卫生医疗”、“社会保障”和“公共安全”依次排在第二至第四位，“行政服务 > 科技服务 > 公共文化娱乐”被排在最后三位，这与农民迫切需求的基本公共服务优先序相同，表明新疆城乡基本公共服务供给结构水平具有较高的一致性，从基本公共服务供给角度来看，高度一致性的需求优先序降低了政府在基本公共服务供给中差异化供给的难度。城镇少数民族居民对“基础教育”、“社会保障”、“公共卫生”、“公共安全”和“民族团结”的排序较为靠前。需要特别提出的是，新疆城乡居民对“公共安全”的需求要远高于内地省份，这与独特的区位环境有关。

因此，在基本公共服务供给决策中，应充分考虑受益者的满意度和需求优先序选择，建立畅通的“由下到上”的需求诱致性的信息表达传递机制，供求对接，提高资源配置效率和提升基本公共服务满意度水平。

第8章 新疆城乡公共服务均等化的实现机制和路径选择

8.1 发达国家城乡公共服务均等化的实践经验借鉴

8.1.1 国外促进城乡公共服务均等化的举措

（1）普遍采用多元化的公共服务供给模式

在农村公共服务供给中，各国政府的作用及其实现途径、特点各异，具体主要表现为以下两类供给模式：一类是经济和社会发展程度相近的欧美和澳大利亚等发达国家，国家与农民经济实力较强，政府、市场和社会主体之间分工明确，地方政府与基层社会具有长期自治的历史和文化传统，从而逐渐形成了由政府、企业和社会团体构成的多元供给农村公共服务的多元化供给模式；另一类是经济同样发达、市场经济体制同样完善的日本和韩国，由于地方政府较多地从属于中央政府，基层社会自治的传统不深厚，形成以中央政府为主导、各级农业合作组织参与实施的农村公共服务供给模式。如在社保基金筹措方面，日本基本上遵循被保险人、事业主和国家财政拨款“三者均等负担”的原则筹措资金；巴西灌溉设施建设资金中的40%由联邦政府出资，60%由私人或国际金融机构资助①。

（2）重视公共服务资源的均等化配置

瑞典非常重视义务教育机会在城乡及各个社会阶层之间的均等化配置问题，1842年便开始着手在城乡普遍推行全民义务教育制度，成为世界上较早实行义务教育的国家之一；日本政府对农村地区实行倾斜性的扶持政策，援助农村建设铁路、高速公路、机场、公共福利设施、港口、排水灌溉系统和通信系统等，改

① 解建立．国外城乡基本公共服务供给制度安排及其对中国的启示[J]．河北师范大学学报，2000(4)：30.

善了农村投资环境与生产生活条件，缩小了城乡差别。为促进城乡义务教育的均衡化发展，日本颁布《偏远地区教育振兴法》、《孤岛振兴法》等法律旨在振兴偏远地区的农村教育，并建立城乡一体化的义务教育财政体制，由中央、都道府县和市町村三级政府共同分担农村义务教育经费①，提高对偏远地区教育基本公共服务供给，并在农村设立社会教育设施，为普及和发展农村教育提供优越的硬件条件；韩国在教育资源分配上优先投资偏僻、贫穷地区，实施先偏僻山区、农村、后城市的基础教育政策，大中城市的教育大多依靠地方与私人资金。作为地方分权制国家，美国为了解决各州间由于横向财政水平不均等引致的学区间、城乡间的义务教育不均衡问题，建立了较完善的财政转移支付制度，形成了以州政府为主，联邦政府、州政府与学区三级政府共同分担义务教育经费的城乡一体化管理格局，财力较差的州或学区特别是农村学区由联邦政府进行补助拨款，政府对边远和农村地区的孩子提供专车接送和免费午餐等服务，从而有效促进了美国各州城乡义务教育的均衡发展②。印度政府非常重视公共服务资源向农村倾斜，中央和各邦政府对贫困农村子女的教育提供补贴，对失能的老年农民发放政府津贴，对无房的贫困农民给予建房补助，对购粮的贫困人口实行低价政策，通过《电信法案》切实加强农村电信服务，以促进农村、偏远地区的经济发展。

（3）注重依靠法律以完善农村社会保障制度

发达国家的社会保障制度对城乡公共服务均等化的实现发挥着关键性的作用，并采取了各种政策和措施促进社会保障制度的实施，提高农民和弱势群体的生活水平。英国从 1834 年起就相继制定了与城乡居民社会保障相关的《济贫法》、《国民保险法》、《国民救济法》、《国民健康服务法》等一系列法律，逐步建立起城乡统一的以“从摇篮至坟墓”为特征的福利化社会保障体系；英国农民享受到政府提供的社会保障服务主要包括社会救助、社会保险和社会福利三部分，其中社会救助和社会福利是专门针对社会最低收入人群；瑞典自 1847 年起相继颁布了《济贫法》、《老年和残疾年金法》、《失业保险法》、《家庭补贴法》和《妇女就业法》等法律，极大地完善和丰富了社会保障法律体系；美国政府 1935 年颁布《社会保障法》，开始实施包括养老、失业、医疗、社会救济、残疾和生育等保险项目的社会保障制度，从法律上保护农民同城市居民一样能够享有医疗、养老、房屋保险等社会保障服务的权益，包括农民在内的占人口总数 82% 的国民享有医保③，在农村推行大病医疗保险制度，重视发挥农村医疗合作

① 王亮．实现我国城乡基本公共服务均等化的路径选择［J］．山东经济学院学报，2010（5）：30－35.

② 黄立华．美国农村公共产品的供给及启示［J］．北方经贸，2007（1）：117－119.

③ 杨瑞梅．从地方治理角度看德国乡村公共物品供给体制［J］．贵州师范大学学报（社会科学版），2006（3）：3－4.

社对农民的医疗保障作用，并对低收入农户所需食品进行援助。在瑞典，农村的所有教育都免费，政府为农民制定了较完备的社会保险计划：劳动安全计划——即一旦农民在耕作中出现了如患职业病或发生耕作事故等安全问题，医疗所需费用的40%都由政府基金提供；救济金计划——这是为畜牧业经营者休假、生病等提供代理人工资，其中50%的资金由政府提供；农民社会保险计划——包括集体健康保险、工伤保险和生命保险；为奶业农民提供的提前退休计划，即奶业农民如果在60～65岁之间放弃生产可得到相应补助；还有为拥有5公顷以上耕地的农民预防灾害损失的歉收保险计划，防止他们在天灾来临时遭受损失。

（4）保证农村公共服务的财力投入

为了实现城乡公共服务均等化，各个国家都制定了较为全面的公共服务政策体系，加大投入支持农村公共服务。印度政府利用多种渠道筹集资金，主要采取增加计划投资、实行投入物补贴以及提供相应的贷款保证这三种途径增加农业投入；英国政府对农村基本公共服务的支持表现在对大部分农业基础设施提供2/3以上的费用；挪威政府为解决乡村落后和人口流失问题，为农村经济发展分别制定了最短4年、最长12年的计划，分步骤、分阶段地建立农业的支持和保护体系。美国农业享有的实际支持包括税收优惠、资金补贴等，美国农民税种少、纳税额低、减免度大，每年免交所得税的农户约有25%，50%的农户按最低税率15%交税，按较高税率纳税的只有5%的大农场主；联邦政府对农业实施集中度高的资金补贴，从休耕至生产、储备、出口等涉及生产的各个环节均有补贴；在《2002年农业安全与农村投资法案》中，美国预计2002～2012年增加1 900亿美元的农业补贴。日本政府对农村地区实行向农村倾斜的财政政策，对农业的补贴内容也非常广泛，包括水利建设补贴、基础设施补贴、农地整治补贴、农贷利息补贴、农业生产资料购置补贴和农业结构调整补贴等；通过为农民提供低息贷款缓解资金短缺，低息贷款可用于农业机械化、水利化、电气化、化肥化等设备设施的购买、维护①。法国政府也为农村基本公共服务做出了很多努力，对购买农业机械及配件的农户给予一定比例补贴，并在政府国家预算中还专门设立“农村发展整治基金”，用于落后农村地区的环境维护和治理。

8.1.2　实现基本公共服务均等化的国外经验借鉴

发达国家在公共服务均等化的积极倡导和推动中扮演着“先驱者”的角色，在长期不懈的努力下，“公共服务型政府”的理念已在许多国家政府中推广开

① 廖红丰，尹效良．农村公共产品供给的国际经验借鉴与我国的对策建议［J］．小城镇建设，2006（1）：6－9.

来，并且其中有很多值得借鉴的地方，比如说法国义务教育的“公平、公正”、英国卫生医疗服务的“一视同仁”、日本和韩国的“城乡基础建设一体化”都是很成功的举措。另外，发达国家在处理政府和市场分工、明确各级政府职责权的分工、完善公共服务供给制度方面也值得新疆借鉴。具体来看，发达国家城乡公共服务均等化经验对新疆实现城乡公共服务均等化有以下启示：

（1）充分发挥政府在公共服务均等化中的主导作用

日本、韩国、挪威等各国经验表明，政府的政策取向在解决城乡发展失衡问题上举足轻重，政府不仅有责任提供公共服务，而且也有责任保证社会成员不分民族、宗教、教育、文化、财产多寡、居住处所而公平地分享公共服务。韩国新村运动就是在政府积极倡导和强力支持下展开的，韩国政府作为启动者、组织者和主要投资者，建立了完善的行政垂直组织领导体系，不仅为农民提供技术服务，还在资金、农业生产资料上予以大力扶持，向农民广泛提供长期低息贷款，通过发行农村基础设施建设公益彩票、住房彩票等形式支持新村建设。针对目前缺乏与时俱进的农村公共服务供给系统的法制体系与制度规范的现状，为实现新疆城乡公共服务均等化，应抓紧制定公共服务相关的法律法规，并保证相关法规的时代适应性与动态调整性，并推进公共服务城乡一体化供给的制度化、法制化、规范化，为城乡公共服务一体化规范供给夯实坚实的制度与法律保障。在“工业支持与反哺农业、城市辐射与带动农村”的发展新阶段，鉴于新疆自然条件、经济发展水平、宗教文化、个人禀赋等不尽相同，社会成员分享的公共服务存在差异，新疆对农业的扶持政策应体现与时俱进与维护农民利益的特点，形成一个旨在扶持农业的、内容涉及农村信贷、农村保险、农业生产资料供销、农产品销售、税收和补贴等各方面的完整政策体系。要求政府充分发挥主导作用的同时恪守公平公正理念，改变现有的城乡之间公共服务供给方式与公共资源的不合理分配格局，公共资源分配应向欠发达地区和享受较少份额公共服务的农村成员实施政策倾斜，平衡不同地区公共服务差距，实现城乡公共服务的均等化供给和改革发展成果的公平分享。

（2）明确各级政府权责，创新成本分摊形式

农村公共服务构成上的层次性决定了各级政府间的职权与责任存在差异。发达国家的实践表明，各级政府间财权和事权需要实现明确分工，既不缺位也不越位和错位，并在各自职责范围内相互协作，才有利于加强对农村公共服务供给和促进城乡的协调发展。美国在明确各级政府权责方面令人称道，美国联邦、州和县政府按比例负担农村基础设施所需经费：全国受益或规模大的道路、桥梁、灌溉与防洪设施、排污设施等项目由联邦和州政府出资；规模居中的项目由地方政府投资，建成后都交由公共服务部门管理；小规模项目由农场主或联合投资兴建，其经营管理要接受政府与法规的监督；路灯、公墓维护等规模最小的项目由乡（镇）委员会负责，农村社区所需要的社会治安维护、火灾防护和救护服务等农村公共安全服务，由基层地方政府提供；这种分工明确的制度安排在实践中予以了较普遍的实施①。此外，日本的农业管理部门在农业、农村发展中职责定位准确，明晰有序，建立了具体涉及生活、住宅、教育、医疗、分娩、丧葬等内容、覆盖全体国民的“最低生活费”保障体系，其经费来源为国库补助75%，都道府县与市町村分别负担其余的25%；日本各级政府共同分担对农业基础设施和产业结构调整补贴，其中中央财政补贴50%左右，都道府县财政与市町村财政各补贴25%和15%；其中水利建设一项，中央补贴占投资总额的50%，县级财政补贴占25%②。韩国推进新村运动时，采取“政府出大头、地方出中头、农民出小头”的建房政策，即中央政府出建房资金的55%、地方政府出30%、每家农户出15%的方式，向农户贷款帮助建房。因此，当前中国在中央政府层面应效仿德国，以法律法规的形式明确规定和划分各级政府在公共服务供给过程中的责任和权力，使各级政府之间的权力关系清晰、职责关系明确，改变事权下移、财权上移、事权与财权不对等的状况；在新疆维吾尔自治区省级政府层面应切实担当起相应供给责任，避免相关事权的继续下放，完善省级以下的财政转移支付制度与税收制度，使之尽可能与公共服务的各级政府“分层负责化”的事权相适应。

（3）构建城乡居民社会保障安全网

各国政府都非常重视社会保障制度的城乡一体化。日本农民能获得的社会保障基本与城市居民相同，包括社会保险、国家救助、社会福利和公共卫生等；美国的各项法定社会保障项目体现了社会公平原则，既强调了社会保障的覆盖面，又使政府、农民等各社保主体的负担较轻；欧盟国家在保证义务教育、初级卫生保健和最低社会保障的基础上，以保护贫弱者为重点积极扩大公共服务的覆盖面和保障水平③。鉴于新疆地域广阔、民族众多、南北疆经济水平差异大的现实区情，比较可行的思路是在实现农业现代化和农村城镇化的进程中逐步建立和完善农村社会保障制度：在经济相对发达的北疆农村地区着手设立相对规范的保障体系，先形成全覆盖、低水平的养老、医疗保障体系，解决农民的基本养老、医疗保障问题；在经济相对落后的南疆农村地区应加大扶贫力度，在保障农民基本生

① 何丽双，林木西．发达国家农村公共产品供给的经验与借鉴［J］．经济纵横，2007（7）：76－81.

② 杨勇，黎振强，罗能生．发达国家农村公共产品供给中政府的作用及启示［J］．经济纵横，2008（2）：115－116.

③ 邵源．国外有关构建农村公共产品供给机制的理论依据与实践经验［J］．经济研究参考，2007（12）：40－45.

存权利的同时逐步健全农业保险制度，然后逐步建立起南北疆统一、全面的农村社会保障制度，不断提升南北疆农村社会保障的保障水平和保障范围，通过完善新型农村养老保险制度、新型农村合作医疗制度、就业保障制度、农村大病救助制度、最低生活保障制度等制度体系将各族农民庇护在养老、医疗等社会保障的安全网之中。

（4）加强政府对农村公共服务的财政支持力度

农业自身的资本积累和投资能力有限，财政能力是实现城乡公共服务均等化的物质条件和财力基础。日本财政对农业的投入所占比重较大，日本对农村公共服务的投入占中央财政预算的10%以上，如果将地方预算计算在内，总投入超过了农业GDP总额①。针对当前新疆政府财政不足的问题，一方面，应进一步规范和完善新疆财政管理体制，建立由市政府和各级政府分类别、按比例合理负担、财权与事权相匹配的农村公共服务供给机制，将农村公共服务的供给纳入各级财政负担范围，将财政新增的教育、卫生医疗、文化等经费用于农村以缩小城乡差距、促进城乡统筹发展。另一方面，应积极调整财政支出结构和完善转移支付制度，将资金更多地投向南疆农村地区和边境贫困地区，力争在所有建制村建成村级公共服务中心，通过政府财政转移支付均衡新疆各地州和城乡的公共服务水平。在具体财政支持中，应将农村公共服务的供给层次不断由低级向高级推进，公共财政支出要进一步向民生领域倾斜，增加义务教育、农业基础设施、公共卫生、社会保障、农村环境保护等领域的投入，确保新疆城乡公共服务均等化的实现。

8.2 完善新疆城乡公共服务均等化的运行机制

8.2.1 建立高效的城乡公共服务供给决策机制

一是积极培育农民的公民权及法律意识。美国社会学者马歇尔认为一个公民的资格应包含权力和责任，没有形成公民意识和公民责任就没有真正意义上的公民参与。长期以来，新疆城乡居民的公民权力意识、民主法治和主人翁意识比较薄弱，需要激发城乡居民的政治热情和政治觉悟，鼓励其参与到公共服务的供给

① 匡远配，汪三贵．日本农村公共产品供给特点及其对我国的启示［J］．日本研究，2005（4）：49－54.

过程之中，推进公共服务供给机制从供给主导型向需求主导型变迁，实现公共服务的有效供给。二是建立有效的信息收集和披露机制。政府决策公开透明是农民有效参与公共服务决策的前提，目前，新疆应改革创新传播渠道，建立村民与村民代表、政府的定期沟通制度，使代表与群众的联系、与政府决策机关的联系规范化；制定相应的制度和法律，逐步尝试实行政府决策公示制、强化新媒体与自媒体在政民沟通中的应用，使政府信息披露规范化、法制化。三是从制度上确立由城乡居民，尤其是农民的需求来决定公共服务的投资范围和投资方向。尽管目前新疆农村公共事务实行"一事一议"的筹资筹劳决策机制，在某种程度上体现了"自下而上"的决策特点；但"一事一议"并未从根本上动摇"自上而下"的公共服务供给决策机制。"自上而下"的公共服务供给决策机制未能充分反映农民的真实需求，一方面造成了有限的公共资源配置和使用出现浪费，另一方面导致公共服务的无序供给和低效供给。因此，需要建立一种以农民需求为导向的公共服务供给决策机制，充分反映农民的迫切需求，促进农村公共服务的合理化供给和高效供给，进而缩小公共服务的城乡差距。

8.2.2　完善稳定的公共服务资金投入保障机制

为实现城乡公共服务均等化，政府需要恪守公平公正理念，在增加有效供给、优化供给结构的前提下向农村地区倾斜，建立完善公共服务资金投入保障机制，让政府承担起农村公共服务供给的主要责任，使城乡居民能够享受到大致均等的基本公共服务。一方面需要优化财政支出机构，进行存量调整；另一方面进一步增加对农村公共服务供给的财政支持力度，改变城乡之间公共服务不合理的分配格局。第一，落实新疆地方政府财政立法自治权，民族自治地方的财政自治权中最重要的就是财政自治立法，通过加强政府公共服务财政投入方面的立法确保新疆政府公共服务投入资金的不断增长；第二，对于属于民族自治地方政府自主安排和使用的这一部分财政收入，上级政府不应当随意下达支出指标而加重民族自治地方政府的财政负担，对于新疆政府入不敷出的现状，应当由上级财政部门给予补助；第三，继续加大中央财政对新疆政府的倾斜力度，确保对于新疆地方公共服务项目的转移支付，以补贴新疆政府由于自身财力有限和公共服务成本较高而造成的财政不足。

8.2.3　建立省级公共服务供给的机构整合协调机制

建立新疆维吾尔自治区级公共服务供给的机构整合协调机制，以联席会议制度的形式开展工作。根据公共服务的受益范围和受益层次，合理界定各级政府的事权责任，逐步改变县乡政府承担供给责任过多的现状。坚持一件事项原则上由一个部门负责，确实需要多部门合作的需要明确牵头部门，分清主次责任，解决推卸责任的问题。成立“自治区农村公共服务供给协调领导小组”，领导小组对农村公共服务供给进行统一协调和管理。自治区分管农业的领导任组长，成员包括自治区政府办公厅农口部门、发改委、财政厅、农业厅、林业厅、畜牧厅、乡镇企业局、农机局、交通厅、水利厅、科技厅、电信、农行、农村信用社、审计厅等涉农单位负责同志；领导小组下设办公室，设在发改委，办公室主任由发改委主任兼任。各个小组成员应及时进行信息的沟通和交流，避免各自为政、信息不通的局面；对于最终落实公共服务供给的县级政府，也应参照区级领导小组的组织结构，由主管领导任组长，其他涉农单位领导为主要负责人员。

8.2.4 建立常态化的农村倾斜型公共服务供给机制

农村义务教育方面，应加大对农村教育的投入，调整并完善农村义务教育经费保障机制，均衡配置教育资源。完善城乡义务教育经费保障机制，使农村中小学校舍、设备、师资、体育场地达到国家或者本地区的基本标准；着力加强薄弱环节，提升南疆贫困地区的办学条件，有效缩小北疆与南疆之间、城乡之间的教育发展差距；统筹城乡义务教育学校教职工的岗位设置结构比例，实施南疆地区农村双语教师特设岗位计划，并适当向农村学校、双语学校倾斜，县级教育行政部门依法履行中小学教师流动调配、继续教育、绩效考核等管理职能；采取有效措施鼓励和引导师范院校信息技术专业等相关专业的在校生到农村中小学任教，通过对在职教师的培训提高教师的信息素养和教育技术运用能力，调整和信息化建设共享优质教育资源；对农村教师强化激励机制，鼓励北疆优秀教师到南疆任教或支教，对长期在南疆从教、贡献突出的教师给予奖励，营造尊师重教的良好社会风尚。

基本公共卫生医疗服务方面，通过统筹规划加强农村地区的基本公共卫生医疗服务建设。按照国家相关政策增加农村卫生投入，保证其增长幅度不低于同期财政经常性支出的增长幅度；将农村卫生事业纳入政府保障范畴，重点保障农村基本医疗和公共卫生服务，改善乡镇卫生院的就医环境，提高医疗技术水平；重点改善卫生监督、农村应急救治，提高农村公共卫生服务和应急救治处置能力，加强县级综合医院建设，使每个县都至少有一所医院达到二级甲等医院水平；加强以全科医生为重点的基层卫生医疗队伍和卫生信息化建设工程。

社会保障方面，扩建一批省市级社会保障服务设施，配置必要的服务设施条

件和设备，简化参保缴费、社会保险关系转接手续等，逐步推行全国统一的社会保障卡；加快农村养老保险制度发展，建立“强制性个人账户”为特征的农村养老保险制度，为农村社会养老保险发展营造良好的社会环境；推动农村老年居民养老补贴制度的常态化，加快专业化老年养护机构和社区日间照料中心建设；根据经济发展和物价上涨情况，适时调整农村老年人和高龄人员的补贴标准，让农村老年居民分享经济社会发展的丰硕成果；鼓励商业保险公司制定适合农村现状的商业养老保险，扩大老年人的养老、老年护理等项内容在农村的覆盖面。

基础设施建设方面，一是完善农村基础设施供给的民主决策机制，合理划分各级政府的供给责任，完善农村基础设施建设的投融资机制，改变供给资金主体来源单一的现状；二是灵活运用税收、补贴、贴息、奖励等财政和行政杠杆完善信贷支持农村基础设施建设的激励机制，增加对“两居”工程配套基础设施的补助；三是策略化、灵活使用有限的公共基础建设投资，使其发挥最大的效用。制定投资的阶段性目标，而不是“撒胡椒面”，本着“先存量后增量”的顺序，既要考虑改善现有农田水利设施条件，又要增加农村生活基础设施的供给总量和供给质量，着重用在民生工程和产业基础设施建设。

8.3 新疆城乡公共服务均等化的制度设计

8.3.1 完善顶层制度设计，整合优化公共资源

第一，改变政府高高在上、以自我服务为中心的官僚体制，成为更讲究质量、追求效率的效率型组织。改革政府各级公务员的管理、权利和义务以及任免等制度，加强政府工作人员的教育与培训，使其建立良好的公共服务意识，提升公共服务水平。

第二，通过精简冗员、提高效能的原则完善行政管理制度。与全国各地一样，新疆各级政府之间存在事权和财权不对称问题，主要各级政府间事权的错位、缺位和越位的现象并存；现行管理制度的基础上，需要按照精简效能原则推进部门整合，简化公务手续和环节，提高公共服务供给效率，同时注重政府行政的科学性，使决策权、执行权和监督权既相互制约又相互协调。

第三，政府部门可以综合运用报纸、电视、网络、微信、微博等媒介，实行政务公开，为政府和公众之间搭建信息交流的桥梁；利用信息技术搭建电子政务

平台和网络服务中心，为公众提供简单、快捷、透明、方便的信息服务，着重优化政府公共服务流程，节约公民各类交易成本、机会成本和时间成本，以公众需求为导向提供高质量、高效率的公共服务。

8.3.2 优化财政制度安排，平衡公共服务的区域与城乡间协调供给

新疆地区南北疆以及城乡公共服务供给的不平衡严重制约了新疆城乡公共服务均等化的实现进程。

第一，进一步规范和完善新疆财政管理体制，积极探索财政上的“中央对口扶持南疆”、“发达省市对口支援南疆”和“自治区直管南疆县”改革试点，加快南疆三地州的经济和社会事业的发展；合理调整国民收入分配结构和政策，取消对农民带有歧视性的体制障碍、制度障碍和政策限制，给农民以公平的国民待遇，实行城乡一体化公共服务供给的财政制度；在公共财政资源配置上，统筹考虑城乡发展，加大对困难地区的财政扶持力度，加大对农业、农民、农村发展的支持力度，使城乡居民均等享受公共财政所提供的基本公共服务。

第二，进一步推进财税体制改革。为贯彻落实国家的“十三五”规划和中央新疆经济工作会议精神，应健全中央和地方财力与实力相匹配的体制，使新疆实现人均国民收入达到或超过西部十二省市较高水平的目标，需要进一步推进财税体制改革，即调整与中央共享税收分成办法或提高中央对新疆的税收返还比例，建立适应新疆自身特殊区情的财政税收体制；积极争取中央的政策性支持，充分享受新疆资源禀赋的优势，借鉴陕西省的做法，在石油、煤炭、矿产有偿使用的“两权”收入及综合补偿资金中分出一块，扩大财政资源，专项用于农村公共服务的投入和新农村建设。

第三，调整优化公共财政支出结构。财政能力是实现城乡公共服务均等化的物质条件和财力基础。建立城乡统一的财政支出结构，支持义务教育、基本公共卫生医疗、社会保障等有关制度的改革和完善，根据各地财力实际适度加大公共服务在公共财政支出结构中的比例。针对当前新疆政府财政支出结构不甚合理的问题，公共服务支出应进一步向民生服务倾斜，改变公共财政支出重经济建设轻公共服务、重城市而轻农村的局面，努力消除新疆公共服务供给缺位化现象，使公共服务供给在各个领域的结构更趋于合理。

第四，新疆多民族聚居，并且与多个国家接壤，公共管理和公共服务的供给成本相对内地省份偏高，“保安全、保稳定、保运转”的任务异常繁重，需要确保对新疆各级政府维护政权机构有效运行和维护国家安全的公共支出，为新疆的经济建设和社会稳定发展提供有力保障。

第五，优化新疆农村公共支出结构。切实加大对农村道路、水利、电力、农村社区公共设施、农牧民生活环境改善等非竞争性和非营利性社会公共项目的投入；继续加大对农村基础教育、就业服务、社会保障、公共卫生医疗等攸关民生的公共事业性服务的供给，逐步建立起农村公共卫生救助体系、农村公共卫生事业应急体系、农村公共卫生责任追究体系。

8.3.3 建立适应新疆区域特殊性的新型转移支付制度

转移支付制度是增强基层政府财权和实现城乡公共服务均等化的重要手段。新疆由于受财力的影响尚未实行规范、科学的转移支付制度。新疆经济发展一直都落后于全国平均水平，绝大部分基层政府财力不能保证基本运转，需要中央政府进一步加大财政转移支付力度。

第一，建立和健全转移支付体系，均衡各地州的公共服务水平。一方面继续完善自治区内部对各县的纵向转移支付，自治区按地区资源环境、经济基础、人均收入等相关因素计算后，以县为单位由自治区财政拨款方式弥补资金缺口，探索建立北疆对南疆地区、城市对乡村、县市之间的横向转移支付制度。另一方面，可在现行转移支付制度的基础上，借鉴国外一些国家实行的纵向与横向混合转移模式的成功经验，积极探索东部经济较发达地区对新疆的横向对口支援及转移支付模式，结合中央对新疆的转移支付，建立起一种持续、多元、高效的帮扶机制，切实帮助新疆改善城乡基本公共服务不均等的现状。

第二，计算转移支付的财力缺口、确定补助范围。根据基层政府的财力和基本支出①，计算各个地区的财政保障情况，并确定自治区增加补助的地区以及补助办法。例如，税收返还大部分应该返还到农村地区，尤其是南疆三地州和边境的农村地区；对于财政困难地区的财政缺口基本上由自治区政府承担，对于财力状况较好的地区，地州本级有解决能力的由地州政府自行解决；对于一般性转移支付的计算，应坚决取消不合理的预算外收入；凡是和农村基本公共服务相关的项目税率需要提高一个档次，以增强基层政府的财力；另外要将城乡公共服务的差距系数考虑到一般性转移支付的公式中。

第三，结合目前的援疆政策调整转移支付结构。一是适当提高一般性转移支付在转移支付总额中的比重，弥补财政实力薄弱地区的财力缺口，均衡地区间财力差异，从而有效解决新疆城乡间财力与事权结构不匹配问题；二是适当降低专项转移支付的规模和范围，加强对转移支付的管理和规划。严格控制专项转移支

① 基本支出范围应包括：行政事业单位人员工资、基本医疗保险、职工取暖补贴、住房公积金、职工福利费、失业保障金、残疾人保障基金、其他供养人员各项补贴、基本办公经费、低保资金缺口等。

付的项目设置、准入规模和条件①，到期项目和一次性项目给予取消，交叉重复的项目予以整合，涉及农村公共服务的要固定一定的数额并逐步增加投入，专项转移支付的资金尽可能向农民最需要的公共服务项目倾斜。

第四，弥补转移支付制度总体设计上存在的缺陷。目前中央财政对新疆地方财政的转移支付包括财力性转移支付、税收返还、专项性转移支付及体制补助四种方式。改变税收返还制度现行的对所有地区无差别的基数税收返还模式，以解决历史原因造成的新疆城乡财力分配不均等和公共服务水平差距的问题，改变地方收入分配的不合理、不公平局面；明确多达数十个参与中央转移支付资金分配部门的主导者问题，解决财权与事权不明确、不匹配和转移支付过程中的“不透明”问题，切实杜绝对农村的转移支付中出现的比较严重的交叉重复、层层“缩水”和“挪用”资金等问题。

8.3.4 合理重构公共服务供给的绩效评估与监督制度

构建地方政府公共服务供给的绩效评估与监督制度，提升新疆地方政府对城乡公共服务供给的评估能力与监督能力，形成科学的公共服务分工和问责机制。第一，成立独立的公共服务供给绩效评估与监督机构——公共服务评价与监督委员会。在新疆地区公共服务供给资金匮乏的情况下，节约成本、提升资金使用效率成为关键。公共服务评价与监督委员会的建立有利于掌握公共服务支出资金的使用动态和效果，该委员会应由专职公务员和兼职人员组成，兼职人员可由专家学者代表、媒体代表、普通群众代表组成，考虑到新疆的特别区情，委员会应包括50%以上的少数民族成员。第二，构建适用于新疆的科学合理的评价指标。对公共服务供给绩效的评估可采用“公共服务绩效指数 = 公共服务总投入度 × 30% + 公共服务总职能履行度 × 30% + 公民总满意度 × 40%”的计算公式来体现。第三，引入听证会制度，实现对公共服务的供给绩效进行有效监督和严格评估。对于乌鲁木齐的 BRT 项目等较大的公共服务项目，在确立项目以前需要先面向群众代表举行听证会，相关负责人需接受代表的质询；在项目实施之后，相关进程及出现的问题应当向代表们及时进行书面报告形式的反馈。第四，重大公共服务决策要进行民意调查，充分征求广大城乡居民的意见以使政府及时、准确掌握群众尤其是少数民族的需求。可以通过综合运用电话、信箱、网络、广播、博客、微信等传统与新媒体平台，向普通群众开通征询、建议、投诉通道，以便于公众履行对政府公共服务供给的调查职能；另外要接受公众的建议和投诉，并

① 美国专项拨款占很高比例，甚至达到了总拨款的87%左右，而且美国专项转移支付的资金主要是为了公共健康，收入保障、教育、交通灯公共服务，其中主要目的是要解决贫困家庭儿童的教育问题。

且给出解决方案或合理解释，真正做到“权为民所用、情为民所系、利为民所谋”，围绕农民需求确定政府支农投资的重点和优先序，并采用以奖代补、项目补助等方式引导农民对直接受益的公共服务投工投劳，充分发挥农民的公共服务建设主体作用。

8.4 新疆城乡公共服务均等化的多元供给模式构建

8.4.1 构建多中心、多层次的公共服务供给体系

农民生活水平的提高引致对公共服务的需求总量的迅速增长，农民对公共服务的需求结构也趋于多样化；但受低效的政府财政支农机制的限制，新疆地州级以下的各级政府严重依赖上级政府拨付资金，可自行支配的涉农、支农公共资源越来越少，而单一的政府供给也进一步导致农村公共服务供给的低效率。因此，实现新疆城乡公共服务均等化不能只依靠政府，应积极探索公共服务的多种供给模式。国内外实践经验均表明，形成多中心的治理机制、实现多层次的公共服务供给体系，进而形成社会整体合力，有助于提高公共服务的供给总量与效率。第一，应确保多元化的财政支持与资金渠道，充分发挥财政资金的导向、吸附、杠杆和膨化功能，通过税收、财政、补贴、价格等手段和杠杆引导企业、农民等多种社会主体投资农村公共服务。第二，实现多元化的联合供给。应根据农村公共服务的不同属性与不同层次，通过合同外包、特许经营等方式与事业单位、社会非营利机构等建立平等的公共服务购买关系，提高公共服务领域的竞争性。第三，推进公共服务的融资机制创新。公共服务供给资金来源渠道多元化的实现一般是伴随供给主体的多元化过程，通过政府财政、银行信贷、非政府组织等方式鼓励私人资本、民间资本、外国资本等主体积极供给乡镇与村域公共服务项目，发展农村社区公益事业，利用市场融资、债券和捐赠等形式吸引公共服务资金，逐步建立多元化的公共服务供给体系。

8.4.2 促进公共服务供给主体多元化

（1）中央和地方政府供给主体

根据新疆农村公共服务供给总体水平较低的情况，目前应进一步加大中央及

地方各级政府部门对农村的支持力度，使其有机联合、共同充当农村公共服务的“供给原动力”是关键。其中中央政府主要涉及两类公共服务供给：一类是与公民基本人权相关的公共服务，如义务教育、基本公共卫生医疗、社会保障服务等；另一类是那些覆盖全国范围的公共服务，如农业技术推广、农村基层行政服务等。地方政府则负责如高中教育、职业教育等具有区域性特征的公共服务，中央政府可以根据实际情况对部分财力困难的地方政府拨付一定补助；有些涉农项目需要有地方财政资金配套，但有些新疆基层政府根本无力提供配套资金，从而需要中央政府加大对贫困地区、边疆团场、南疆地区的投资力度，减免基层政府的配套资金。

（2）市场供给主体

新疆独特的地域经济特点以及多民族的文化特征，自然而然使新疆居民公共服务需求出现多样化、多层次化等特点。单一的政府供给并不能满足城乡居民对于公共服务的真实需求，市场供给主体能够较好地弥补政府供给的不足，提高公共服务供给效率。因此，政府应合理引入市场机制，让市场主体发挥灵活性供给作用，对政府的公共服务供给查漏补缺，填补政府制度内公共服务供给的盲点与不足，最终满足城乡居民的公共服务多样化、多层次需求。市场供给公共服务的范围一般是准公共产品，比如电网改造、成人教育、自来水通达等，如江苏南通市对新疆伊犁州直县市的农民职业技术培训和职业教育基地建设注入民间资本。另外，乡镇政府每年可以深入群众展开调查，了解城乡居民最迫切的公共服务需求，综合运用政府担保贷款、政府参股以及税收优惠等措施有针对性地引入一些乡镇企业参与供给公共服务。

（3）农村社区供给主体

社区供给方式可以有效地将公共服务供给范围缩小到以一个村落或一个小区为中心，克服了政府对居民公共服务需求特点和尺度难以把握的弱点。如村内的道路、路灯建设以及农田水利灌溉等基础社会服务，可以考虑由社区组织提供；另外要特别重视专业协会和社区团体的重要性，建立合理的市场供给模式，将农业科研与技术推广服务联系在一起。

（4）非政府组织供给主体

发达国家的经验表明，非政府组织供给方式具有更高的效率，我国 21 世纪初也开始重视非政府组织供给方式，并在东部沿海城市进行推广并取得了很好的成效。新疆地方政府可以尝试通过税收优惠、开通绿色通道等措施，引导和鼓励具有影响力的名人和大企业财团在新疆农村地区进行扶贫慈善捐款，开展扶助项目，有效缓解了各级政府在完善社会保障体系和社会事业投入不足的弊端。

8.4.3 实现公共服务供给方式多元化

由于受经济发展水平和社会环境因素限制，新疆城乡公共服务均等化供给的实现不能仅仅依靠中央和地方政府的财政转移支付，应积极鼓励市场和社会的力量共同参与到公共服务供给中来，同时应采取多种供给方式相结合的手段来提高新疆农村地区公共服务。目前，新疆公共服务供给应采取政府供给为主、其他主体供给为辅的供给模式。新疆可以根据本地的实际情况，借鉴国内外的实践经验，选择适合的供给方式进行公共服务供给。例如，对于大型农田水利设施、电力设施建设以及乡镇文体活动公共场馆等俱乐部特性的公共服务，新疆各级政府可以借鉴其他省区做法积极引进民营资本，采取政府部门与私人或企业联合供给的方式增强公共服务供给；对于那些可以收费易于排他的公共服务，政府可以委托给私人来提供，比如，农村范围内的自来水、有线电视、垃圾收集等领域政府可以通过合同外包方式由民间投资主体供给；对于公路、桥梁、隧道修建等公共服务供给，新疆政府可以通过 BOT 或 PPP 等方式进行供给合作，达到与预期单独行动相比更为有利的农村公共投资建设效果，缓解财力不足所导致的资金短缺困境，同时提高项目的运营效率和服务质量；同时，可以将广场、绿地等大多数基础设施当作一般产品，拍卖冠名权用以获得财政收入，或者拍卖大型文化活动的举办权、大型会议的赞助权以及通过出售道路两侧以及重点地段的广告设置权等引进民营资本进行投资。另外，近年来中央加大对新疆的支持力度，尤其是 2010 年 3 月召开的全国对口支援新疆工作会议，要求 19 个援疆省市针对新疆维吾尔自治区的 80 余个县，建立人才、技术、管理、资金等全方位对口援疆的有效机制，着力解决新疆的民生问题。因此，新疆各级地方政府应抓住这一良机，建立合理的横向转移支付体制，将输血和造血、硬件建设和软件建设相结合，形成经济援疆、干部援疆、人才援疆、教育援疆以及企业援疆协同推进的新局面。

参考文献

[1] Kieron Walsh. Public Services and Market Machanism [M] . Macmillan Press, LTD, 1995.

[2] Leuthold, Jane N. A Public Goods Experiment for the Classroom [J] . Journal of Economic Education. Winter 1987, Vol. 18, Issue 1: 58 - 65.

[3] Ver Eecke, W. Public Goods: An Ideal Concept [J] . Journal of Socio-Economics, 1999, 28 (2): 139.

[4] 安体富 . 公共服务均等化：理论、问题与对策 [J] . 财贸经济，2007 (8): 48.

[5] 柏良泽 . 公共服务界说 [J] . 中国行政管理，2008 (2) .

[6] 曹静晖 . 基本公共服务均等化的制度障碍及实现路径 [J] . 华中科技大学学报（社会科学版），2011，25 (1): 48 - 52.

[7] 常修泽 . 中国现阶段基本公共服务均等化研究 [J] . 天津市委党校学报，2007 (2) .

[8] 常亚南 . 主体功能区划分下的欠发达地区基本公共服务均等化 [J] . 行政论坛，2011 (5): 49 - 52.

[9] 晁毓欣 . 公共品政府供给绩效评价 [D] . 济南：山东大学，2011.

[10] 陈蓓蓓 . 我国基本公共卫生服务城乡差距与均等化探析 [J] . 西安社会科学，2009 (12) .

[11] 陈昌盛，蔡跃洲 . 中国政府公共服务：体制变迁与地区综合评估 [M]. 北京：中国社会科学出版社，2007.

[12] 陈昌盛 . 基本公共服务均等化：中国行动路线图 [J] . 财会研究，2008 (2): 15 - 16.

[13] 陈第华 . 基本公共服务均等化供给中的政府责任 [J] . 西南交通大学学报（社会科学版），2010，11 (2): 16 - 20.

[14] 陈定洋 . 中国农村公共品供给制度变迁研究 [D] . 杨凌：西北农林科技大学，2009.

［15］陈明星，陆大道，张华．中国城市化水平的综合测度及其动力因子分析［J］．地理学报，2009，64（4）：387－398.

［16］陈锡文．中国农村公共财政制度［M］．北京：中国发展出版社，2005：44.

［17］陈依慧．以公共服务均等化缩小城乡差距［J］．浙江经济，2007（7）：16－19.

［18］陈元生．我国所有制变化趋势和改革重点［J］．理论前沿，1997（24）：8－10.

［19］程安东．回顾以城市为重点的经济体制改革［J］．西部大开发，2009（1）：12－13.

［20］程岚．实现我国基本公共服务均等化的公共财政研究［D］．南昌：江西财经大学，2009：12－13.

［21］程鹏．主体功能区划分下民族地区基本公共服务均等化的路径研究［D］．桂林：广西民族大学，2010.

［22］迟福林，方栓喜，匡贤明等．加快推进基本公共服务均等化［J］．经济研究参考，2008（3）．

［23］崔登峰，王秀清，朱金鹤．西部边疆民族地区农村基本公共服务优先序研究——基于新疆42个县市96个村镇的调研数据［J］．农业经济问题，2012（3）：70－76.

［24］崔登峰，朱金鹤．公共服务均等化视角下新疆城乡居民收入差距实证研究［J］．安徽农业科学，2010（32）．

［25］崔登峰，朱金鹤．新疆城乡居民收入差距影响因素与对策分析［J］．石河子大学学报（哲学社会科学版），2010（6）．

［26］崔登峰，朱金鹤．新疆城乡义务教育资源配置研究［J］．新疆农垦经济，2012（12）．

［27］崔登峰，朱金鹤．西部边疆民族地区公共服务均等化问题研究［M］．北京：中国农业出版社，2013.

［28］崔登峰，朱金鹤．基于灰关联分析法的新疆FEEEP协调度研究［J］．西北人口，2014（4）．

［29］崔登峰．新疆城乡养老保障制度变迁与差异统筹［J］．石河子大学学报（社会科学版），2014（2）．

［30］崔登峰，朱金鹤．兵团基本公共卫生服务均等化制约因素与对策研究［J］．新疆农垦经济，2012（9）．

［31］丁元竹．科学把握我国现阶段的基本公共服务均等化［J］．中国经贸

导刊，2007（13）.

［32］樊丽明，石绍宾.区域内城乡基本公共服务均等化进程及实现机制分析——基于山东省3市6区县调查的经济学［J］.财政研究，2009（4）：31.

［33］方栓喜，匡贤明.以基本公共服务均等化为重点调整和改革中央地方关系的建议［J］.经济前沿，2007（1）.

［34］龚金保.需求层次理论与公共服务均等化的实现顺序［J］.财政研究，2007（10）.

［35］官永彬.我国区际基本公共服务差距评价指标体系构建及其实证分析［J］.经济体制改革，2011（5）：13－17.

［36］郭喜，黄恒学.基本公共服务均等化的民族地区公共产品供给［J］.山西大学学报（哲学社会科学版），2011，34（1）：115－120.

［37］郭小聪，刘述良.中国基本公共服务均等化：困境与出路［J］.中山大学学报（社会科学版），2010（5）：155－156.

［38］何精华等.农村公共服务满意度及其差距的实证分析——以长江三角洲为案例［J］.中国行政管理，2006（5）：91－95.

［39］何平均.城乡公共产品供给失衡的原因及对策［J］.农业现代化研究，2006，27（6）：454－456.

［40］黄云鹏."十二五"基本公共服务均等化的思路与重点［J］.中国投资，2010（11）：39－43.

［41］江明融.公共服务均等化问题研究［D］.厦门：厦门大学，2007：65－66，90－92.

［42］江明融.公共服务均等化论略［J］.中南财经政法大学学报，2006（3）：43.

［43］解建立.国外城乡基本公共服务供给制度安排及其对中国的启示［J］.河北师范大学学报，2000（4）：30.

［44］解怡.地区间基本公共服务均等化问题研究［D］.长春：吉林大学，2010.

［45］李鸿.民族地区基本公共服务均等化的实现途径［J］.大连民族学院学报，2008（6）：509－512.

［46］李华.中国农村：公共品供给与财政体制创新［M］.北京：经济科学出版社，2005：178.

［47］李军鹏.公共服务型政府建设指南［M］.北京：中共党史出版社，2006：25－26.

［48］李倩，张开云.农村公共服务满意度现状与对策——基于广东省农村

公共服务调查的分析［J］．社会科学家，2010（6）：109－112.

［49］李霞．新疆农村基本公共产品供给机制研究［J］．新疆农业大学，2010（6）：181.

［50］李振海，任宗哲．西部地区基本公共服务均等化现状、制度设计和路径选择［J］．西北大学学报（哲学社会科学版），2011，41（1）：5－9.

［51］林万龙．农村公共物品的私人供给：影响因素及政策选择［M］．北京：中国发展出版社，2007.

［52］林万龙．乡村社会公共产品的制度外筹资：历史、现状及改革［J］．中国农村经济，2002（7）：28.

［53］林万龙．中国农村公共服务需求问题研究——基于农户的视角［M］．北京：经济科学出版社，2011：31－57.

［54］刘尚希．基本公共服务均等化：现实要求和政策路径［J］．浙江经济，2007（13）．

［55］吕炜，王伟同．发展失衡、公共服务与政府责任——基于政府偏好和政府效率视角的分析［J］．中国社会科学，2008（4）：52－64.

［56］罗丽莎．城乡基本公共服务均等化［D］．湖南：湖南师范大学，2011（5）：27－30.

［57］骆永民．中国城乡基础设施差距的经济效应分析——基于空间面板计量模型［J］．中国农村经济，2010（3）：60－72.

［58］马国贤．基本公共服务均等化的公共财政政策研究［J］．财政研究，2007（10）．

［59］钱凯．我国公共服务均等化问题［J］．经济研究参考，2007（42）．

［60］苏江瑜．我国实现基本公共服务均等化的对策研究［D］．大连：大连理工大学，2008.

［61］孙翠清，林万龙．中国农村公共服务需求问题研究——基于农户的视角［M］．北京：经济科学出版社，2011：31－57.

［62］滕明兰．广西城乡基本公共服务差距测算［J］．广西社会科学，2011（2）：29－31.

［63］王翠芳．试探新农村建设中城乡基本公共服务均等化问题［J］．经济问题，2007（5）：82.

［64］王亮．实现我国城乡基本公共服务均等化的路径选择［J］．山东经济学院，2010（5）：30－35.

［65］王韬．我国西部城乡基本公共服务均等化问题研究［D］．兰州：兰州大学，2009（5）：22－26.

［66］吴美香．公共服务供给方式研究［D］．厦门：厦门大学，2008：7－11.

［67］夏锋．千户农民对农村公共服务现状的看法——基于29个省份230个村的入户调查［J］．农业经济问题，2008（5）：68－73.

［68］辛鸣．逐步实现基本公共服务均等化［J］．江淮，2007（2）：15.

［69］杨静．统筹城乡中农村公共产品供给：理论与实证分析［M］．北京：经济科学出版社，2008：221－232.

［70］于树一．公共服务均等化的理论探析［J］．财政研究，2007（7）.

［71］张东豫．构建和谐社会与城乡公共服务均等化［J］．中南财经政法大学研究生学报，2007（1）：43－48.

［72］张恒龙，陈宪．政府间转移支付对地方财政努力程度财政均等化的影响［J］．经济科学，2007（1）：15－23.

［73］张会疆．推进新疆基本公共服务均等化的财政政策［D］．新疆：巴州财政局《公共服务均等化财政研究》课题组，2010.

［74］张开云．农村基本公共服务：现状评价与路径选择［J］．学术研究，2009（11）：50－55.

［75］赵晓华．推进少数民族地区基本公共服务均等化问题探析［J］．贵州民族学院学报（哲学社会科学版），2011（5）：43－46.

［76］中国（海南）改革发展研究院．加快推进基本公共服务均等化［J］．经济研究参考，2008（3）.

［77］中国（海南）改革发展研究院．以基本公共服务均等化为重点调整和改革中央与地方关系的建议［J］．经济研究参考，2007（11）：2－6.

［78］中国改革发展研究院．基本公共服务均等化：新农村建设之重［M］．北京：中国经济出版社，2007.

［79］中国财政学会课题组．公共服务均等化问题研究［J］．经济研究参考，2007，（58）.

［80］朱金鹤，崔登峰．新疆城乡一体化进程的影响因素与评价研究［J］．干旱区资源与环境，2012，26（12）：22－27.

［81］朱金鹤．中国农村公共产品供给：制度与效率研究［M］．北京：中国农业出版社，2009.

［82］朱金鹤，李放．新疆兵团区域发展的协调性研究：基于人口、资源与公共服务的视角［J］．西北人口，2013（1）.

［83］朱金鹤．中国实现城乡公共服务均等化的国外经验借鉴——以新疆为例［J］．世界农业，2012（12）.

［84］朱金鹤．实现基本公共卫生服务均等化的国内外实践经验借鉴［J］．中国卫生事业管理，2013（2）．

［85］朱金鹤，崔登峰．广东省新型农村合作医疗：实施绩效、制度与模式比较［J］．中国卫生事业管理，2011（4）．

［86］朱金鹤，崔登峰．新疆城镇居民消费结构：基于扩展线性支出系统模型的实证分析［J］．安徽农业科学，2010（31）．

［87］朱金鹤，崔登峰．公共服务均等化视角下的新疆农村基础设施建设问题研究［J］．石河子大学学报（社会科学版），2011（1）．

［88］朱金鹤，崔登峰．新疆城乡医疗卫生事业均等化研究［J］．新疆农垦经济，2012（7）．

［89］朱金鹤，崔登峰．新疆新型农村合作医疗：模式、绩效与制度改进研究［J］．新疆农垦经济，2011（11）．